Deniz Kayadelen

Erfolgreiches Management im internationalen Kontext

Deniz Kayadelen

Erfolgreiches Management im internationalen Kontext

Deutsche Expatriates in der Türkei

Trainerverlag

Impressum/Imprint (nur für Deutschland/only for Germany)
Bibliografische Information der Deutschen Nationalbibliothek: Die Deutsche Nationalbibliothek verzeichnet diese Publikation in der Deutschen Nationalbibliografie; detaillierte bibliografische Daten sind im Internet über http://dnb.d-nb.de abrufbar.
Alle in diesem Buch genannten Marken und Produktnamen unterliegen warenzeichen-, marken- oder patentrechtlichem Schutz bzw. sind Warenzeichen oder eingetragene Warenzeichen der jeweiligen Inhaber. Die Wiedergabe von Marken, Produktnamen, Gebrauchsnamen, Handelsnamen, Warenbezeichnungen u.s.w. in diesem Werk berechtigt auch ohne besondere Kennzeichnung nicht zu der Annahme, dass solche Namen im Sinne der Warenzeichen- und Markenschutzgesetzgebung als frei zu betrachten wären und daher von jedermann benutzt werden dürften.

Coverbild: www.ingimage.com

Verlag: Der Trainerverlag ist ein Imprint der
Südwestdeutscher Verlag für Hochschulschriften GmbH & Co. KG
Heinrich-Böcking-Str. 6-8, 66121 Saarbrücken, Deutschland
Telefon +49 681 37 20 271-1, Telefax +49 681 37 20 271-0
Email: info@verlag-trainer.de
Zugl.: Bochum, Ruhr Universität, Diss., 2010

Herstellung in Deutschland:
Schaltungsdienst Lange o.H.G., Berlin
Books on Demand GmbH, Norderstedt
Reha GmbH, Saarbrücken
Amazon Distribution GmbH, Leipzig
ISBN: 978-3-8417-5006-8

Imprint (only for USA, GB)
Bibliographic information published by the Deutsche Nationalbibliothek: The Deutsche Nationalbibliothek lists this publication in the Deutsche Nationalbibliografie; detailed bibliographic data are available in the Internet at http://dnb.d-nb.de.
Any brand names and product names mentioned in this book are subject to trademark, brand or patent protection and are trademarks or registered trademarks of their respective holders. The use of brand names, product names, common names, trade names, product descriptions etc. even without a particular marking in this works is in no way to be construed to mean that such names may be regarded as unrestricted in respect of trademark and brand protection legislation and could thus be used by anyone.

Cover image: www.ingimage.com

Publisher: Trainerverlag
is an imprint of the publishing house
Südwestdeutscher Verlag für Hochschulschriften GmbH & Co. KG
Heinrich-Böcking-Str. 6-8, 66121 Saarbrücken, Deutschland
Phone +49 681 37 20 271-1, Fax +49 681 37 20 271-0
Email: info@verlag-trainer.de

Printed in the U.S.A.
Printed in the U.K. by (see last page)
ISBN: 978-3-8417-5006-8

Copyright © 2011 by the author and Südwestdeutscher Verlag für Hochschulschriften GmbH & Co. KG and licensors
All rights reserved. Saarbrücken 2011

Inhaltsverzeichnis

Abbildungsverzeichnis

Tabellenverzeichnis

Abkürzungsverzeichnis

AKP	führende türkische Regierungspartei
BIP	Welt-Bruttoinlandsprodukt
De	Deutschland
df	Anzahl der Freiheitsgrade
Expats	Expatriates
F	F-Wert der Varianzanalyse
M	Arithmetisches Mittel
N	Größe der gesamten Stichprobe
P	Irrtumswahrscheinlichkeit
PWC	PricewaterhouseCoopers
SD	Standardabweichung
SPSS	Statistical Package for the Social Sciences
Tr	Türkei

In dem Augenblick, in dem man sich endgültig einer Aufgabe verschreibt, bewegt sich die Vorsehung auch. Alle möglichen Dinge, die sonst nie geschehen wären, geschehen, um einem zu helfen. Ein ganzer Strom von Ereignissen wird in Gang gesetzt durch diese Entscheidung, und er sorgt für zahlreiche unvorhergesehene Zufälle. Begegnungen und materielle Hilfen, die sich kein Mensch vorher je so erträumt haben könnte. Was immer du kannst oder dir vorstellst, dass du es kannst, beginne es. Kühnheit trägt Genius, Macht und Magie in sich.

J.W.v. Goethe

0 Danksagung

Ich möchte mich herzlich bei allen bedanken, die diese emprirische unterstützt und auf verschiedenste Art und Weise begleitet haben.

Mein aufrichtiger Dank gilt zunächst meinem Betreuer Herrn Prof. Dr. Wottawa sowie meiner Zweitgutachterin Frau Dr. Annelen Collatz für die fachliche Unterstützung sowie für die inspirativen Beiträge und Hilfestellungen bei der Erstellung dieser Arbeit.

Ich möchte mich bei allen an dieser Arbeit beteiligten Managern und Expatriates sowie deren Unternehmen bedanken. Sie haben diese Arbeit durch ihre wertvollen Erfahrungen und Beiträge sowie ihre Angaben und Kommentare im Rahmen der Datenerhebung mit Leben gefüllt und durch ihr Engagement viele Kenntnisse, die in der Arbeit gewonnen wurden, erst ermöglicht.

Des Weiteren möchte ich all meinen Freunden danken, die mir bei dieser Arbeit mit deren Anregungen, Kritik sowie positiver Verstärkung zur Seite standen und mich bei den Höhen und Tiefen dieser Phase begleitet haben.

Anschließend möchte ich mich – nicht nur im Rahmen dieser Studie – bei meinen Eltern bedanken, die meine persönliche und akademische Entwicklung stets mit Liebe und Stolz unterstützt und begleitet haben.

1 Einleitung

1.1 Einführung

Die Welt rückt zusammen. Mit der zunehmenden Globalisierung der Geschäfte und bei gleichzeitiger Austauschbarkeit der Produkte kommt dem interkulturellen Verständnis eine Schlüsselrolle zu (Rothlauf, 2009). Die Globalisierung zwingt Unternehmen dazu, interkulturelle Unterschiede bei allen Managementfragen immer stärker zu berücksichtigen.

Mittlerweile gehören Auslandseinsätze der Mitarbeiter zum Arbeitsalltag international tätiger Unternehmen. Damit wird zunehmend interkulturellen Fähigkeiten der Mitarbeiter eine essenzielle Bedeutung für den Erfolg des international tätigen Unternehmens zugesprochen. Dies bedeutet auch, dass für deutsche Unternehmen in der Zukunft mehr Mitarbeiter aus anderen Kulturkreisen in den Unternehmensverbund zu integrieren sind, sodass sie sich stärker als bisher darauf vorbereiten und einstellen müssen. Die wachsende Bedeutung interkultureller Fragestellungen kann man auch daran erkennen, dass das Europäische Parlament das Jahr 2008 zum „Jahr des interkulturellen Dialogs" erklärt hat, womit das herausgehobene Interesse Europas an Multikulturalität unterstrichen wird (Rothlauf, 2009). Stimmt man der Aussage von Elasmawi & Harris (1993) (zitiert von Rothlauf (2009, S. 11)) zu, „the new world market will not only be international, but insensely intercultural", dann wird erkennbar, dass zukünftig nicht nur internationales Management, sondern auch interkulturelles Management im Rahmen der Globalisierung von hoher Bedeutung sein werden. Immer häufiger begegnen sich in unserer globalen Arbeitswelt Menschen aus unterschiedlichen Kulturen. Es wird häufig von den zumeist hoch qualifizierten und überdurchschnittlich bezahlten Mitarbeitern, die ins Ausland entsendet werden, Spitzenergebnisse erwartet. Dabei wird oft der Einfluss unterschätzt, den eine fremde Kultur auf den Erfolg der Auslandsmitarbeiter hat. Um mit ihren ausländischen Kollegen oder Geschäftspartnern in einem produktiven Ganzen erfolgreich harmonieren zu können, ist es eine zwingende Voraussetzung, dass sie die Umgangsformen und die kulturellen Hintergründe des Denkens und Fühlens des "Anderen" verstehen lernen.

Wer als Unternehmen auf internationalen Märkten erfolgreich bestehen will, sollte sich nach Rothlauf (2009) und Weidmann (1995) mit neuartigen Problemen auseinandersetzen, die sich allein schon aus dem Kontakt mit fremden Ländern, Kulturen, Wirtschafts- und Sozialsystemen ergeben. Man sollte einschätzen können, welche Auswirkungen kulturelle Unterschiede auf die Managementpraxis, die individuelle Arbeitseinstellung, die Kommunikation und die Verhandlungsführung haben.

1.2 Aufbau der Studie

Aus Vereinfachungs- und Lesbarkeitsgründen wurde in dieser Studie auf die gleichzeitige Verwendung männlicher und weiblicher Formulierungen verzichtet. Daher gelten männliche Artikel und Wortformen gleichermaßen auch für weibliche Personen. So schließt beispielsweise die Bezeichnung Manager selbstverständlich Managerinnen mit ein.

Dieses Werk ist eine teils abgewanderte Form der Masterarbeit. Die in der vorliegenden Arbeit verwendeten Zitate von Teilnehmern werden aufgrund der Anonymisierung nicht mit Quellenangaben versehen.

Im zweiten Kapitel werden die Zielsetzung und die Fragestellungen der vorliegenden Arbeit erläutert und die besondere Bedeutung des Untersuchungsgegenstands betont.

Im dritten Kapitel wird ein Überblick über die türkisch-deutschen Beziehungen sowie über einige gegenseitige Sichtweisen bezüglich der Wahrnehmung der jeweiligen Länder geschaffen. Anschließend werden landesspezifische Informationen über die Türkei vermittelt. Demzufolge werden die Begrifflichkeiten eines Auslandseinsatzes und des interkulturellen Managements thematisiert sowie theoretische Hintergründe zusammengefasst, die zu einem leichteren Verständnis der nächsten Kapitel führen.

Das vierte Kapitel beinhaltet die Beschreibung und Entwicklung der Methode für die Datenerhebung, die mit den Managern durchgeführt wurde. Des Weiteren wird die befragte Stichprobe (deutsche Manager in der Türkei und deutsche Manager in Deutschland) vorgestellt. Dabei wird im Besonderen auf die Grenzen und Vorteile der eingesetzten Methode eingegangen.

Im fünften Kapitel werden die Ergebnisse der wissenschaftlich umfangreichen Untersuchung, die in Kapitel 4 erläutert wurde, vorgestellt. Die Top-Ten-Probleme, die die deutschen Manager jeweils in der Türkei und in Deutschland angegeben haben, werden dargestellt sowie die Unterschiede innerhalb der zwei Gruppen herausgearbeitet und Hintergrundinformationen aufgezeigt.

Das sechste Kapitel beinhaltet die Beschreibung und Entwicklung der Datenerhebung, die mit den türkischen Mitarbeitern durchgeführt wurde. Darauf aufbauend werden die Ergebnisse der türkischen Mitarbeiter, die einen deutschen und einen türkischen Vorgesetzten haben, vorgestellt und entsprechend interpretiert. Die Bewertung und Wahrnehmung der türkischen Mitarbeiter bezüglich der deutschen und türkischen Manager wird erfasst und detailliert betrachtet.

Des Weiteren werden die Hintergründe und Ursachen der Ergebnisse im siebten Kapitel vorgestellt und anschließend sachgerechte Lösungsvorschläge für die deutschen Manager in der Türkei abgeleitet.

In einem abschließenden Ausblick im achten Kapitel werden die Ergebnisse diskutiert, es wird auf eventuelle Schwachstellen der Studie eingegangen sowie die Notwendigkeit weiterer Forschungsarbeiten in dem untersuchten Fachgebiet erläutert. Darauf aufbauend werden auch allgemeine Empfehlungen für ein ganzheitliches Entsendungskonzept gegeben.

2 Zielsetzung der vorliegenden Studie

2.1 Herausforderungen des Auslandseinsatzes mit Fokus auf die Führungsrolle

Die Entsendung eines Managers ins Ausland ist ein sehr komplexer, umfangreicher und kostenintensiver Prozess, bei dem viele Fragen im Vorfeld bedacht werden müssen. Die besonderen Herausforderungen an einen Expatriate weisen auf die Notwendigkeit von neuen und zuverlässigen Wegen hin, Manager für eine Entsendung auszuwählen, vorzubereiten sowie zu betreuen. Die Expatriates können mit einem erfolgreichen Auslandseinsatz einen essenziellen Beitrag zum internationalen Erfolg des Unternehmens leisten. Erfolgreiche Auslandseinsätze stellen nicht nur einen Wettbewerbsvorteil im Ausland dar, sondern tragen auch zu der beruflichen und persönlichen Entwicklung des Entsandten bei (Bergemann & Sourisseaux, 2005).

Kulturelle Faktoren haben allgemein nach Thomas (1993) einen großen Einfluss auf psychische Prozesse wie Wahrnehmung, Motivation, Kognition oder Emotionen. In das Handeln eines Auslandsmanagers fließen sowohl eigene als auch fremdkulturell geprägte Wertvorstellungen mit ein (zitiert von Rothlauf 2009, S. 17). Darauf aufbauend wird Management im Sinne von Hofstede als ein kulturgebundenes Phänomen gesehen, das eine besondere Sensibilisierung kultureller Phänomene voraussetzt (Kumar, 1988). Kulturelle Merkmale bestimmen, welche spezifischen Führungsverhaltensweisen ein Manager ausübt. Die Auswirkungen unterschiedlicher Vorgehensweisen bei der Zielsetzung und -vereinbarung sind vom kulturellen Kontext abhängig. Je nach Kultur werden andere Vorgehensweisen oder Strategien bei der Bewältigung komplexer Problemstellungen gezeigt. Was zum Beispiel von den Angestellten als motivierend erlebt wird, kann von Kultur zu Kultur variieren (Thomas, 2007). Diese kulturelle Vielfalt kann sowohl als Chance als auch als Risiko gesehen werden: Die Chance liegt darin, dass sich unterschiedliche kulturell bedingte Erlebens- und Verhaltensmuster gut zusammenfügen und optimal ergänzen können, sodass es zu Synergieeffekten kommt; das Risiko hingegen ist, dass abweichende Erlebens- und Verhaltensmuster unverstanden bleiben, als defizitär erlebt oder negativ bewertet werden und es zu keiner angemessenen Integration der Verschiedenheiten kommt. Aus diesen Gründen stellt Management im interkulturellen Kontext ein sehr wichtiges Themenfeld dar, das von großer Bedeutung ist und dem in dieser Studie besondere Aufmerksamkeit geschenkt wird.

2.2 Zielsetzung und Fragestellung

Ziel der vorliegenden Arbeit ist es, differenzierte Kenntnisse über Hintergründe sowie Besonderheiten der türkischen Kultur mitzuteilen, um das Verständnis der kulturellen Unterschiede zu fördern.

Des Weiteren sollen Wege und handlungsrelevante Aspekte aufgezeigt werden, um kulturell bedingte Herausforderungen zu meistern und mit Effizienz und Erfolg in der Türkei zu agieren. Um Missverständnissen vorzubeugen und Fehlinterpretationen zu minimieren, werden in der Arbeit typische Problemsituationen vorgestellt und deren Hintergründe erläutert. In vielen Bereichen der deutschen und türkischen Kultur bestehen Ähnlichkeiten. Jedoch liegt in der Untersuchung der

Fokus auf kulturell bedingten Unterschieden und daraus entstehenden Problemkonstellationen, da diese für die Manager die eigentlichen Herausforderungen darstellen.

3 Theoretischer Hintergrund

3.1 Beziehungen zwischen Deutschland und der Türkei

3.1.1 Geschichtliche und industrielle Beziehungen

Deutschland und die Türkei verbinden vielfältige und intensive Beziehungen, die Jahrhunderte zurückreichen und auf eine lange, gute Tradition zurückblicken. Es gibt noch heute zahlreiche Spuren der engen Verbindung zwischen dem Osmanischem Reich und dem Kaiserreich (Inanc, 2006). Die Nähe der beiden Länder hatte ihren ersten Höhepunkt durch die Teilnahme der Türkei am Ersten Weltkrieg an der Seite Deutschlands erreicht. Während der 1930er-Jahre und des Zweiten Weltkriegs war die Türkei für viele deutsche politische Dissidenten und Juden – darunter viele prominente Künstler, Wissenschaftler und Professoren – ein wichtiges Einwanderungsland. Diese haben einen erheblichen Beitrag zur wirtschaftlichen, wissenschaftlichen und geistigen Entwicklung der jungen Republik geleistet (Inanc, 2006). Laut dem Auswärtigen Amt werden die deutsch-türkischen Beziehungen heute wesentlich durch drei Faktoren bestimmt: politisch durch die EU-Beitrittskandidatur der Türkei, sozial durch 2,5 Millionen in Deutschland lebende Türken bzw. Deutsche türkischer Abstammung und finanziell durch den rasant wachsenden Wirtschaftsaustausch (zitiert von Kemmler, 2008, S. 28). Nach dem Auswärtigen Amt (2010) ist Deutschland seit Langem einer der wichtigsten Handelspartner der Türkei. Die Zahl deutscher Unternehmen bzw. türkischer Unternehmen mit deutscher Kapitalbeteiligung ist inzwischen auf über 3900 gestiegen. Sie reichen von der Industrieerzeugung und dem Vertrieb sämtlicher Produkte bis zu Dienstleistungsangeboten aller Art sowie der Führung von Einzel- und Großhandelsbetrieben.

Deutschland ist ein gefragter Partner am Bosporus in Istanbul. Nach den Angaben des Auswärtigen Amtes (2010) haben bis 2008 über 3300 Unternehmen mit deutscher Kapitalbeteiligung ihre Aktivitäten in der Türkei gestartet. Allein in 2007 wurden 535 neue Firmen mit deutschem Kapital gegründet.

Besonders starken Anteil an den deutschen Warenausfuhren in die Türkei haben Maschinen, elektrotechnische Erzeugnisse sowie Kraftfahrzeuge und Zulieferteile für die Automobilindustrie. Zu den deutschen Importgütern aus der Türkei gehören vor allem Textilien und Lederartikel sowie Nahrungsmittel, aber zunehmend auch Kraftfahrzeuge und elektronische Geräte (Auswärtiges Amt, 2010).

3.1.2 Gegenseitige Sichtweisen

Laut einer Studie von PricewaterhouseCoopers (PWC, 2009) sind sich viele Deutsche des Ausmaßes der wirtschaftlichen Beziehungen mit der Türkei nicht bewusst und verbinden mit dem Land eher Urlaubsreisen oder politische Diskussionen über den EU-Beitritt, den Islam und die Situation der türkischstämmigen Migranten in Deutschland. Ist von türkischen Mitbürgern in Deutschland die Rede, ist häufig der Weg zu Allgemeinplätzen und Vorurteilen nicht weit. Die türkische Bevölkerung in Deutschland wird zumeist noch mit dem Bild der Gastarbeiter aus den

1960er-Jahren assoziiert, welches allgemein zu einem verzerrten Gesamtbild der Türkei, ihren Bewohnern und deren Wertvorstellungen und Verhaltensweisen führt (PWC, 2009).

Es ist in dieser Stelle wichtig zu betonen, dass die Einstellungen, die meist auf die Türkischstämmigen in Deutschland beschränkt sind, schwierig auf die gesamte türkische Bevölkerung vor allem im Mutterland Türkei zu übertragen sind. Diese vorhandenen Stereotype und Vorurteile haben nicht nur Einfluss auf die Wahrnehmung von Situationen bzw. Personen, sondern auch Einfluss auf das Managementverhalten. Zahlreiche Expats, die vorher nie in der Türkei waren, haben während der Datenerhebung angegeben, dass die Erwartung bezüglich der Lebensweise in der Türkei viel negativer ausgeprägt war und dass sie jetzt im Gegenteil sehr beeindruckt von der türkischen Kultur und der Stadt Istanbul seien. Dies zeigt auch, dass die vorhandenen Stereotype Einfluss auf die Motivation und Erwartungshaltung bezüglich eines Auslandseinsatzes in der Türkei der Expats haben.

Dazu einige anonymisierte Zitate aus den durchgeführten Interviews:

Im Privatbereich ist Türkei viel herzlicher als andere Nationalitäten. Gewisse Vorurteile hat man, bevor man hierhin kommt. In Deutschland gibt es weniger Gemeinsamkeiten und Interaktionen mit der türkischen Bevölkerung, weil es auch Interaktionsprobleme gibt. Hier vor Ort ist Herzlichkeit und Kinderfreundlichkeit vorhanden. Als Deutsche bin ich hier auch nicht integriert. Kenn die türkische Sprache nicht und meine Kinder gehen in eine deutsche Schule. Vorher hatte ich mir die Türkei viel islamischer und nicht weltoffen vorgestellt. Jetzt bin ich aber sehr beeindruckt. Alle Gegenseiten, Gegenpole sind vorhanden und integriert. Z. B. herrscht in weitem Anatolien eine andere Kultur als hier in Istanbul. Aber trotzdem sind die gastfreundlich und angenehm. Im Metropol gibt's viele Gegenseiten nebeneinander. Türken sind ideenreich, risikofreudig, kreativ. Sie bewältigen Krisen sehr erfolgreich und positiv. Motzen und Beschwerden gibt's relativ.

Der Türke in Deutschland, der in Aldi und so ist, ist nicht der Türke, der in der Türkei lebt. Hier ist die Bevölkerung viel westlicher ausgeprägt. Sie sind viel offener. Türken, die in Deutschland sind, haben mir ein komplett anderes Bild von der Türkei gegeben, was überhaupt nicht der Realität vor Ort entspricht. Jeder sollte sich mal Türkei anschauen. Das wünsche ich allen."

Die Türken sind in Deutschland anders als die Türken in der Türkei. Im Gegensatz zu Deutschland, Kanada, sind die Türken viel höher qualifiziert. Es gibt viele gebildete Türken in der Türkei, was in Deutschland weniger der Fall ist. Die Arbeiter in der Türkei sind jünger, qualifizierter und arbeiten für weniger Einkommen.

Die grundsätzliche Einstellung der türkischen Bevölkerung gegenüber den Deutschen ist in der Regel sehr positiv ausgeprägt. Die deutsche Gesellschaft gilt als zuverlässig, vertrauenswürdig und diszipliniert. Geschichtlich betrachtet stammt der Hintergrund der positiven Einstellung aus der Zeit der Gründung der Türkischen Republik im Jahre 1923 von Mustafa Kemal Atatürk, der kulturelle Umstrukturierungen durchgeführt hat. Diese Umstrukturierungen und stufenweisen Reformen bedeuteten die Orientierung an westlichen Werten. Der Westen wurde von Atatürk zum Vorbild deklariert, an dessen Kultur man sich ausgerichtet hatte. So wurde z. B. das Tragen der traditionellen Kopfbedeckung untersagt und das Tragen von europäischer Kleidung angeordnet (Gronau, 1994). Des Weiteren wurde aufgrund Atatürks Überzeugung, dass Europas Überlegenheit auf der Wissenschaft beruhe, die allgemeine Schulpflicht eingeführt (Steinbach, 2007). Somit genießt Deutschland als Teil des Westens in der Türkei ein traditionell hohes Ansehen. Jedoch wird diese Einstellung langsam mit Bitterkeit gemischt, was auf manche politischen Entwicklungen der letzten Zeit und auf das Gefühl und Thema der Deutschtürken zurückzuführen ist (Appl et al., 2007; Straub, 2007).

Zudem sieht sich die Türkei allgemein als ein fester Bestandteil Europas und vergleicht sich bezüglich des Lebensstandards und des wirtschaftlichen Fortschritts nicht mit dem Nahen Osten oder anderen Entwicklungsländern (Inanc, 2006).

3.2 Die Türkei

3.2.1 Allgemeine Informationen

Die Türkei, das Bindeglied zwischen Europa und Asien, ist flächenmäßig mehr als doppelt so groß wie Deutschland und an drei Seiten vom Meer umgeben. Istanbul, die einzige Stadt auf der Welt, die sich über zwei Kontinente erstreckt, ist eine Brücke zwischen Europa und Asien. Die Stadt hat Gründung und Fall von Imperien erlebt und war der Schauplatz welthistorischer Veränderungen. Aufgrund dessen ist es nicht verwunderlich, dass Istanbul neben dem Essen und dem Ruhrgebiet sowie der ungarischen Stadt Pécs die dritte Kulturhauptstadt Europas 2010 ist. Die Hauptstadt der Türkei ist Ankara. Im Gegensatz zu den meisten europäischen Ländern ist die Türkei ein extrem junger Markt mit dem Durchschnittsalter von 28 Jahren. Allein in Istanbul leben nach aktuellen Angaben 12 782 960 Einwohner (Statistikinstituts, 2009). Das Leben in den großen Metropolen des Landes ist vergleichbar mit den Standards westeuropäischer Großstädte. So erreichen z. B. die Mieten in Istanbul mitunter dasselbe Niveau wie in Paris oder London. Mit bundesweit rund 70 Millionen potenziellen Konsumenten, mit einer immer besser ausgebildeten und wachsenden Bevölkerung und mit einem dynamischen Privatsektor besitzt die türkische Wirtschaft ein enormes Wachstumspotenzial, welches zusätzlich mit einer langfristig positiven Perspektive einer EU-Mitgliedschaft verstärkt wird (Falkner & Leger, 2008/2009). Dazu kommen noch positive Prognosen der Wachstumsrate des BIP von jährlich mindestens 6 %, sinkende Staatsverschuldung und Inflation sowie eine offensive Außenwirtschaftspolitik. Dies führt dazu, dass die Türkei für europäische und internationale Unternehmen zunehmend als ein attraktiver Markt gesehen wird. Des Weiteren hat die Türkei eine recht heterogene Gesellschaft, die sich in einer Übergangsphase von einer Agrargesellschaft zu einer Industrie- bzw. Dienstleistungsgesellschaft befindet. Aufgrund dieses dynamischen Wandlungsprozesses ist eine Verallgemeinerung bezüglich der Geschäftswelt mit Vorsicht zu betrachten.

3.2.2 Religion

Die Türkei ist der einzige Staat mit überwiegend islamischer Bevölkerung, der eine strikte Trennung von Staat und Religion – den Laizismus – vorschreibt; es herrscht eine moderne demokratische Lebensart (Gülten, Eroglu, 2005). Laut Definition von Manfred G. Schmidt (1995) ist Laizismus eine radikale Trennung von Staat und Religion und im weiteren Sinne eine Ausschaltung des Einflusses von Religion auf öffentlich-politische Angelegenheiten. Darauf basierend gelten weltliche Gesetze ohne jeglichen Einfluss religiöser Vorschriften. Das Kopftuch wird beliebig getragen und ist in den staatlichen Gebäuden wie Universitäten, Ämtern etc. aufgrund des Laizismus verboten. Die Frauen sind in jeder Hinsicht rechtlich den Männern gleichgestellt, und Männer dürfen nur eine und nicht mehrere Frauen heiraten. Religion spielt in den westlichen, insbesondere großen Städten, die gleichzeitig auch die Hauptstandorte deutscher Investoren sind (wie Istanbul, Ankara, Izmir sowie Antalya), auf den Straßen oder im Umgang mit den Geschäftspartnern nur eine untergeordnete Rolle. Je mehr man in ländliche Gebiete kommt, desto stärker wird der Einfluss der Religion auf das Alltagsleben. Die Geschäftswelt ist eher kemalistisch (durch Atatürk geprägter Nationalismus) ausgeprägt. Es gilt als Zeichen der modernen und westlichen Lebensweise, Religion als reine Privatsache zu behandeln und aus der Öffentlichkeit und dem Business herauszuhalten (Beyer, Heidinger et al., 2007). Es ist möglich, in der Türkei Moscheen, Synagogen und Kirchen innerhalb eines Stadtteils zu sehen, was gegenseitigen Respekt und Offenheit für andere Denkweisen widerspiegelt. Die türkische Bevölkerung lebt den Islam völlig unterschiedlich, und es gibt eine große Brandbreite, wie Islam gelebt und wahrgenommen wird. Des Weiteren herrscht eine Kombination vieler Gegensätze zwischen Moderne und Tradition, zwischen Kemalisten und strengen Muslimen etc. Besonders Istanbul als Brücke zwischen zwei Kontinenten und zwischen christlichem und islamischem Denken wird als ein buntes Kulturmosaik gesehen, das sich aus verschiedenen Minderheiten, unterschiedlichen Nationalitäten, Ethnien und Religionen zusammensetzt (Durzak, Manfred, 2004). Das sehen auch deutsche Vorgesetzte, die in Istanbul leben, so:

Istanbul ist wie ein Mosaik von ganz Türkei. Türkei ist wie ein heranwachsender Jugendlicher, wie in einer Pubertätsphase.

In Deutschland ist man im selben Level, in der Türkei lebt man miteinander mit vielen Gegensätzen. Mittelschicht ist weniger ausgeprägt. Das muss die Kultur auch aushalten können. Auch bei Religion gibt's Gegenpole: Juden, Christen, Muslims leben alle miteinander. Das System hält es ganz gut aus. Im Moment gibt's eine Spannungsprobe, auch politische Hintergründe hängen davon ab."

3.2.3 Die EU-Kandidatur

Der fortschreitende EU-Beitrittsprozess der Türkei, der die Bevölkerung aktuell seit 1959 beschäftigt (EU Kommission 2005), ist ein weiteres wichtiges Thema in den bilateralen Beziehungen zwischen der Türkei und Deutschland. Nach dem Auswärtigen Amt (2010) hat Deutschland ein besonderes Interesse an einer Vertiefung der gegenseitigen Beziehungen zur Türkei und an einer Anbindung des Landes an die Europäische Union. Experten gehen davon aus, dass der Beitrittsverhandlungsprozess noch mehrere Jahre andauern wird. Die Rede ist von einem Beitrittstermin um das Jahr 2015 (König & Sicking, 2005). Die Frage des Eintritts polarisiert Europa, da es bezüglich dieses Themas kontroverse Meinungen und Prognosen gibt. Das Verfahren ist allgemein für die Türkei härter als für andere Länder, und es gibt zusätzliche Verhandlungsmodalitäten. Dies liegt darin begründet, dass die Türkei ein besonders komplexes Land ist. In etwa zehn Jahren würde die Türkei das einwohnerreichste Land Europas sein. Weber & Mast (2006) schreiben allein deshalb einem möglichen Beitritt in die EU eine andere Dimension zu und sehen die vollzogene Osterweiterung als eine große Belastungsprobe für die EU. Dadurch ist die Aufnahme der Beitrittsverhandlungen mit der Türkei ein komplexer und vermutlich noch ein langwieriger Prozess.

Beyer, Heidinger & Tektasl (2007) berichten, dass diejenigen, die einen Beitritt der Türkei in die EU befürworten, wirtschaftliche Potenziale für alle Beteiligten sehen. Zudem ist die Türkei als einziges NATO-Mitglied aus dem asiatischen Raum ein strategisch wichtiger Partner bei den Auseinandersetzungen im Nahen Osten. Mehr jedoch halten sie den Türkeibeitritt langfristig für geopolitisch wichtig, auch als Lösung für interkulturelle Konflikte. Beyer, Heidinger & Tektasl (2007) zitieren die Sichtweise der Analystin des European Stability Intiative Institute, Verena Ringer: Nur ein erweitertes Europa mit der Türkei könne der Region die notwendige Stabilität bringen. Dafür nennt sie drei Hauptursachen: die Erweiterung der EU-Grenzen bis zum Kaukasus und Mittleren Osten, die Anziehungskraft einer wirtschaftlich entwickelten und demokratischen Türkei und die positiven Auswirkungen der Türkei durch die geografische Lage zwischen Europa und dem Mittleren Osten auf die Energiepolitik der EU (Business Guide Türkei, 2007, S. 106). Bereits im Jahre 1963 schloss die Europäische Gemeinschaft (EG) einen Assoziationsvertrag mit der Türkei, der der Türkei das Recht auf einen späteren Beitritt garantierte. Die prinzipielle Beitrittsmöglichkeit wurde der Türkei bestätigt. Recep Tayyip Erdogan, der seit 2003 Ministerpräsident der türkischen Regierung und Vorsitzender der AKP-Partei ist, unternimmt durchgehend zahlreiche Reformen bezüglich des politischen Kriteriums, diesen Anforderungen gerecht zu werden, und passt sich immer mehr europäischen Standards an (Rumpf, 2009). Die Verhandlungen werden allgemein als ein Prozess mit offenem Ende gesehen.

3.3 Allgemeine Begrifflichkeiten

3.3.1 Kultur

Nach Thomas (2003) beeinflusst die Kultur das Wahrnehmen, Denken, Werten und Handeln aller Mitglieder einer Gesellschaft, und die jeweils herrschenden Kulturstandards werden von der

Mehrzahl dieser Mitglieder als normal und typisch betrachtet. Nach Hofstede (2003) wird eigenes und fremdes Verhalten aufgrund dieser Kulturstandards gesteuert, reguliert und beurteilt.

Kultur dient als Orientierungssystem und definiert demnach ein Handlungsfeld für das Individuum, welches sich einer Gruppe oder Gesellschaft zugehörig fühlt und dadurch die Voraussetzung zur Entwicklung eigenständiger Formen der Umweltbewältigung schafft.

Nach Kumbruck & Christel (2005) bestimmt die Kultur die Art und Weise, wie die Welt gesehen wird, was für einen Sinn man in das Wahrgenommene legt sowie welche Konsequenzen man aus der Wahrnehmung ableitet und welche Sicht und Verhaltensmuster als normal oder nicht normal, falsch oder richtig angesehen werden.

Das in Abbildung 1 vorgestellte Modell von Schein (2004) verdeutlicht die Komplexität und das Zusammenwirken verschiedener Bedingungen innerhalb des Kulturbegriffs. Der Aufbau von Kultur ist mit einem Eisberg vergleichbar. Er besteht aus einer unsichtbaren unbewussten Ebene, die meist als selbstverständlich wahrgenommen wird und sich unter der Oberfläche des Wasserspiegels befindet, sowie aus einer bewussten Ebene, bei der die Spitze sichtbar aus dem Wasser ragt. Konflikte oder Schwierigkeiten in interkulturellen Begegnungen werden nicht direkt von Verhaltensunterschieden zwischen den Interaktionspartnern hervorgerufen, sondern durch divergierende Einstellungen, Grundannahmen und Werte, die dem Bewusstsein nur bedingt oder gar nicht zugänglich sind (Schein, 2003).

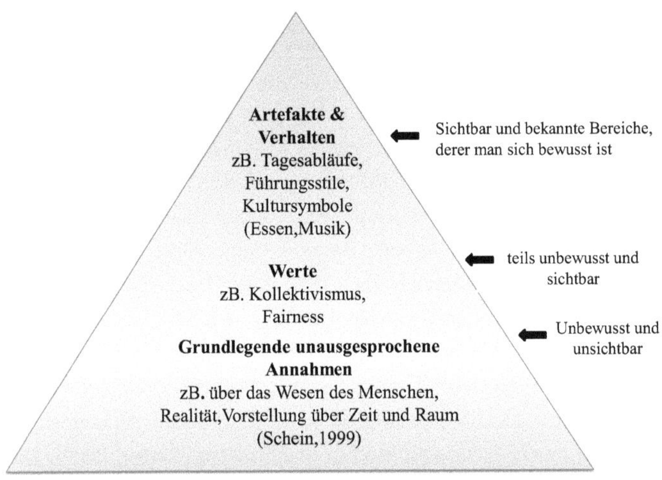

Abbildung 1: Die drei Ebenen der Kultur (Schein, 2004) (eigene Darstellung)

Die zentralen Merkmale des kulturspezifischen Orientierungssystems, das das Wahrnehmen, Denken, Empfinden und Handeln beeinflusst und bestimmt, sind im Verlauf der vielfältigen Lernprozesse so zur Selbstverständlichkeit und so sehr zur alltäglichen Routine geworden, dass sie nicht mehr auffallen und auch nicht mehr bewusst wahrgenommen werden (Schroll-Machl 2007). In der Interaktion mit Menschen aus einem anderen Kulturkreis spielen sowohl unterschiedliche Perspektiven als auch die Vorstellungen, die sich jeder von der Sicht des Anderen auf die Welt macht, eine Rolle. Diese Selbst- und Fremdsichten bilden dabei laut Kumbruck & Christel (2005) nie die Wirklichkeit ab, sondern sind von subjektiven Vorstellungen, selektiver Wahrnehmung und Verarbeitung sowie von unbewussten Erwartungen geprägt.

Im beruflichen Kontext ist es hoch wahrscheinlich, dass der Expat die Erfahrung macht, eigene Routinen und erfolgreiche Managementpraktiken im Gastland nur begrenzt ausführen zu können. So kann es dazu kommen, dass Expatriates häufig die Bedürfnisse und Erwartungen ihrer Interaktionspartner im Gastland nicht verstehen oder auch nicht verstanden werden, was zu Konfliktsituationen beitragen kann (Kühlmann & Stahl, 1998).

3.3.2 Internationales und interkulturelles cross cultural- Management

Unter Management verstehen Koch et al. (2008) die Gestaltung, Steuerung und Entwicklung von Strukturen und Prozessen zur Erreichung der Ziele einer Organisation.

Internationales Management ist dagegen grenzübergreifendes Management, es muss zusätzlich internationale Rahmenbedingungen berücksichtigen.

Interkulturelles Management wird als kulturübergreifendes Management gesehen, in dem kulturelle und interkulturelle Besonderheiten bekannt sein müssen und im Rahmen der Managementprozesse berücksichtigt werden (Koch, 2008). Des Weiteren impliziert interkulturelles Management nach Rothlauf (2009) die Auseinandersetzung mit der kulturellen Verschiedenheit der jeweiligen Länder, Regionen oder Subkulturen und der Formulierung allgemeiner Verhaltensgrundsätze. Interkulturalität resultiert somit aus Interaktion und Kommunikation zwischen zwei Kulturen, und die dadurch entstehenden Überschneidungssituationen sollen durch das interkulturelle Management organisiert werden (Erll & Gymnich, 2007). Die in dieser Arbeit vorgestellten Kulturstandards (siehe Kapitel 4.3) liefern zu den Überschneidungssituationen und zum Management im internationalen Kontext einen Handlungsrahmen.

3.3.3 Interkulturelle Kompetenz

In den letzten Jahren stehen nach Dowling, Festing & Engle (2008) die interkulturellen Fähigkeiten von Mitarbeitern im Auslandseinsatz verstärkt im Fokus, da ihnen eine essenzielle Bedeutung für den Auslandserfolg multinationaler Unternehmen zugesprochen wird (Dowling, Festing & Engle, 2007).

Unter interkultureller Kompetenz wird sowohl die Sozialkompetenz im interkulturellen Kontext als auch die Interaktionsfähigkeit im kulturfremden Umfeld verstanden (Kumbruck, Christel, 2005). Nach Clement (2002, zitiert nach Rothlauf, 2009) setzt interkulturelle Kompetenz das Bewusstsein voraus, dass die eigene Kultur nur eine von vielen ist, dass in jeder Kultur eigene Vorstellungen davon existieren, was richtig und was falsch ist, was Menschen unausgesprochen voneinander erwarten können und was eben nicht. Dieses Bewusstsein zeigt noch kein Wissen um die

Unterschiede, jedoch ist es eine wesentliche Voraussetzung für die interkulturelle Kompetenz. Um interkulturelle Handlungskompetenz zu erlangen und sich in fremden Kulturen zu behaupten, sind nach Dülfer (1995) gewisse Anforderungen zu erfüllen: Offenheit für fremde Kulturen, Akzeptanz fremden Verhaltens und eigene Verhaltensanpassung (Dülfer 1995, Rothlauf, 2009). Des Weiteren impliziert die Fähigkeit, in Situationen, in denen man mit Menschen aus anderen Kulturen interagiert, sensibel und reflektiert zu handeln.

Nach Thomas, Kammhuber und Layes (1997) ist interkulturelle Handlungskompetenz die Fähigkeit, kulturelle Bedingungen und Einflussfaktoren im Wahrnehmen, Urteilen, Empfinden und Handeln bei sich selbst und anderen Personen zu erfassen, zu würdigen, zu respektieren und produktiv im Sinne einer wechselseitigen Anpassung von Toleranz gegenüber Inkompatibilitäten einzusetzen. Taylor sieht die interkulturelle Kompetenz als ein höheres Bewusstsein an: „a higher state of consciousness and a more discriminating and integrative world view" (Straub, 2007).

Zudem unterteilt Chen (1987) nach Straub und Weidemann (2007) interkulturelle Kompetenz in vier Hauptdimensionen und deren Unterkomponenten (siehe Tabelle 1).

Tabelle 1: Dimensionen der interkulturellen Kompetenz nach Chen (1987)

Dimensionen der interkulturellen Kompetenz und deren Komponenten
Persönliche Eigenschaften Selbsteröffnung, Selbstbewusstsein, Selbst-Konzept
Kommunikationsfähigkeit Nachricht-Eigenschaften, soziale Kompetenz, Flexibilität, Interaktionsmanagement
Psychologische Anpassung Frustrationstoleranz, Stresstoleranz, Entfremdungstoleranz, Ambiguitätstoleranz
Kulturelles Bewusstsein Soziale Werte, soziale Gewohnheiten, soziale Normen, soziales System

Christel & Wibke (2005) zitieren nach Kühlmann (2004) folgende Anforderungsmerkmale für interkulturelle Kompetenz:

Ambiguitätstoleranz, Verhaltensflexibilität, Zielorientierung, Kontaktfreudigkeit, Einfühlungsvermögen, Polyzentrismus, Metakommunikative Kompetenz. Durch diese verschiedenen Definitionen wird ersichtlich, dass interkulturelle Kompetenz ein komplexer Begriff ist, der vielfältige Aspekte und Dimensionen beinhaltet.

3.4 Auslandseinsätze

3.4.1 Definition

Ein Auslandseinsatz bezeichnet als Sammelbegriff sowohl in der Managementliteratur als auch der Unternehmenspraxis nach Kuhlmann (2004) Formen der Arbeitstätigkeit, die vom Mitarbeiter einen Aufenthalt außerhalb desjenigen Landes fordern, in dem er seinen Heimatswohnsitz hat. Es gibt Varianten der Auslandseinsätze, und sie unterscheiden sich im Hinblick auf die Dauer, die Aufgabenstellung und die arbeitsvertragliche Gestaltung (siehe

Tabelle 2). Die Zielgruppe dieser Studie sind die Expatriates, welche sich in der Kategorie der befristeten Versetzung befinden. Der Begriff Expatriate bezeichnet ganz allgemein Personen, die aus karrierebedingten Gründen außerhalb ihres Herkunftslandes leben (Straub, 2007). Die Dauer des Auslandsaufenthaltes in dem jeweiligen Land beträgt durchschnittlich ca. ein bis fünf Jahre, und die Expats (so die gebräuchliche Kurzform) werden meist von ihren Familien begleitet. Diese Art von Auslandseinsatz ist jedoch laut Koch (2008) keineswegs immer mit einem komfortablen Entsandtenvertrag verknüpft, der eventuelle Problematiken bei der Rückkehr berücksichtigen würde.

Tabelle 2: Varianten des Auslandseinsatzes nach Kühlmann (2004)

Bezeichnung	Dauer	Wohnsitz	Arbeitsvertrag	Zweck (beispielhaft)
Geschäftsreise	mehrere Tage	Heimatland	unverändert	Abschluss eines Vertrags
Montage	mehrere Wochen	Heimatland	unverändert	Errichtung einer Anlage
Commuter-Entsendung (Rückkehr am Wochenende)	mehrere Wochen bis Monate	Heimatland	unverändert	Mitarbeit an einer internationalen Marketingstudie
Abordnung	3 bis 12 Monate	Heimatland	Vertragsergänzung mit Heimatunternehmen	Personalentwicklung
Befristete Versetzung:	1 bis 5 Jahre	Ausland	Neuer Vertrag mit Auslandsgesellschaft; ruhender Vertrag mit Heimatunternehmen	Errichtung einer Auslandsgesellschaft
Übertritt	unbegrenzt	Ausland	Neuer Vertrag mit Auslandsgesellschaft	Übernahme der Geschäftsführung einer Auslandsgesellschaft

3.4.2 Allgemeine Belastungsfaktoren

3.4.2.1 Einführung

Aus stresstheoretischer Perspektive impliziert eine Auslandsentsendung immer auch die Konfrontation mit einer Vielzahl potenzieller Stressoren, die es im Rahmen der Anpassung zu bewältigen gilt: so z. B. Reizüberflutung durch neue Eindrücke, familiäre Herausforderungen, Konflikte in der Arbeitsrolle des Entsandten, Unsicherheit im Kontakt mit Angehörigen des Gastlandes sowie Versagen von Verhaltensroutinen bei gleichzeitigem Leistungsdruck (Kühlmann, 1995; Stahl, 1998).

3.4.2.2 Soziokulturelle Belastungen

Hierzu gehören die Rahmenbedingungen des Lebens und Arbeitens im Gastland wie Klima, Stadtkultur, Sprache, Infrastruktur, Firmenkultur, das Tätigkeitsfeld in neuen Rahmenbedingungen und weitere Schwierigkeiten aus den beruflichen und privaten Kontakten mit Menschen im Gastland.

3.4.2.3 Berufliche Belastungen – Erfolgserwartung

Die kulturellen Herausforderungen und die Erfolgserwartungen des Heimatunternehmens führen zu einer Doppelbelastung. Ein Expat hat während des Interviews angegeben, dass viele Unternehmen dieselbe Leistung, die man im Heimatland erbracht hat, innerhalb kurzer Zeit auch im Ausland erwarten. Jedoch sei eine solche Anforderung kaum zu erfüllen. Die neue Umgebung, Alltagsstrukturierung, Sprachprobleme etc. stellen für sich genommen bereits eine bedeutende Herausforderung dar. Dieselbe Performance im Ausland zu erwarten, sieht er als keine realistische Erwartung, die den Expat nur noch mehr unter Leistungsdruck stellt und mehr zu Einsamkeit in der wahrgenommenen Situation führt.

3.4.2.4 Familiäre Belastungen

Der Expat, der mit der Familie ausreist und bewusst wahrnimmt, dass wegen seiner Auslandsversetzung die Frau ihren Beruf aufgeben muss und die Kinder aus ihrem gewohnten Umfeld (Schule und Freunde) herausgerissen werden, fühlt sich von der Frage belastet, ob alle sich einleben und jeder diesem Umzug wirklich positive Seiten abgewinnen wird. Für ihn kann die mitreisende Familie einerseits als eine soziale Unterstützung wahrgenommen werden und andererseits, wenn einem der Familienmitglieder die Akkulturation nicht gelingt, auch zur Belastung werden. Adler et al. (1997; zitiert nach Thomas & Schroll-Machl, 2005) berichten, dass das familiäre Umfeld bei jedem Auslandseinsatz eine entscheidende Rolle nicht nur für das Wohlbefinden des Auslandsmitarbeiters, sondern auch für den beruflichen Erfolg spielt. Jede Auslandsentsendung greift im Unterschied zur Arbeit im Heimatland so tief in alle Lebensbereiche des Mitarbeiters ein, dass dadurch das Risiko des Misserfolgs oder sogar des Abbruchs erhöht wird. Mitarbeiter, die sich unter den fremden Lebens- und Arbeitsbedingungen im Gastland nicht wohlfühlen und ihre gewohnte Arbeitsleistung unterschreiten, neigen nach Daniels & Insch (1998) dazu, den Auslandsaufenthalt vorzeitig abzubrechen, was für das Unternehmen einen enormen ökonomischen und für den Entsendeten einen psychischen Verlust darstellt. In einer Umfrage bei 270 europäischen Unternehmen berichten 80 % der Unternehmen, dass Mitarbeiter eine Auslandsentsendung aus familiären Gründen abgelehnt haben (PricewaterhouseCoopers, 2001). Generell wird dennoch dem Familien- und Partnereinfluss wenig Aufmerksamkeit geschenkt. Familienangelegenheiten werden nach Thomas (2007) meist als Privatsache gesehen, und es herrscht eine relativ strikte Trennung zwischen Arbeitstätigkeit und Privatleben, welches in Deutschland besonders auch kulturell ausgeprägt ist. Diesem vorzubeugen würde eigentlich einer angepassten Aufmerksamkeit und Behandlungsmaßnahmen durch die Personalverantwortlichen bedürfen, doch in der Realität besteht hier für viele Unternehmen noch Nachhol- und Handlungsbedarf (Thomas, 2007).

3.4.2.5 **Reintegration**

Sorgen um die Verfügbarkeit einer geeigneten Position bei der Rückkehr sowie die Ungewissheit über die berufliche Zukunft des (Ehe-)Partners und die Bewältigung des Schulübertritts durch die Kinder zählen laut Stahl (1998) zu den häufigsten und besonders intensiv erlebten Belastungen eines Expats bereits vor der Rückkehr. Umfragen bei Entsandten zeigen nach Einfalt (2000) & Tung (1998), dass die Handhabung der Rückkehr im Vergleich zur Auslandsvorbereitung und -betreuung am wenigsten zufriedenstellend ist (Kühlmann, 2004). Nach Kühlmann (2004) erlebt der Entsandte eine Reihe von Erwartungsenttäuschungen. Es besteht immer die Gefahr, dass berufliche und private Hoffnungen, die mit dem Auslandseinsatz verknüpft wurden, nicht in Erfüllung gehen.

Den durchgeführten Interviews mit den deutschen Managern in Deutschland wurde entnommen, dass ein Hauptgrund, warum diese nicht ins Ausland entsendet werden wollen, die Problematik der Rückkehr ist. Einige Vorgesetzte haben dazu ihre Bedenken berichtet:

Es ist für viele eine Herausforderung. Sie machen große Fehler. Für mich ist allein der Auslandseinsatz keine Herausforderung. Wenn die Manager wieder nach Deutschland zurückkommen wollen, gibt's keine Vorbereitung dazu. Bei Rückkehr hat der Manager wenige Chancen, eine adäquate Position im Heimatland zu finden. Das schreckt mich ab. Hab dann keine Rückkehroption, die erst dann eine Herausforderung für mich darstellt. Viele bereuen es. Das merken dann auch die Mitarbeiter, und das beeinträchtigt allgemein die Leistung der Mitarbeiter.

Obwohl ein Manager eher in einem anderen Land tätig ist, existiert das Heimatsgefühl. Verlängerung heißt: "Wir haben jetzt für dich hier keine Position". Rückkehr ist ein Problem. In der Regel muss der Expat im Heimatland eine Hierarchieebene höher kommen.

4 Methodischer Teil

4.1 Durchgeführte Methode: Problem Detection Study

Für die Datenerhebung wurde das Erhebungsinstrument „Problem Detection Study“ (PDS) angewendet, welches von der Firma Batten, Barton, Durstine & Osborn (BBDO) entwickelt und zuerst für die Identifizierung der Kundenprobleme eines Dienstleistungsunternehmens angewendet wurde (Stauss & Hentschel, 1990, Zollondz 2001).Ursprünglich wurde die PDS-Methode für den Dienstleistungsbereich und die Aufdeckung der Kundenprobleme entwickelt (Zollondz, 2001). Für die vorliegende Studie wurde die gleiche Methode zur Erfassung der kulturell bedingten Herausforderungen für die deutschen Manager in der Türkei angewandt und angepasst. Ziel der Methode ist es, die Auftretenshäufigkeit und das Ausmaß der Problemhaftigkeit von bestimmten Situationen, die im Businesskontext auftreten könnten, zu erfassen und in Relation zu setzen. Durch die Methode wurden sowohl quantitative (Wert von Häufigkeit und Problemhaftigkeit) als auch qualitative Daten (Kommentare, Ergänzungen, Beispiele zu den jeweiligen Situationen während der Durchführung) erhoben.

In einem zweiachsigen Koordinatensystem musste eine Zuordnung der randomisierten 56 Karteikarten, auf denen jeweils die einzelnen Situationen beschrieben sind, hinsichtlich der wahrgenommenen Häufigkeit und Problemhaftigkeit erfolgen. Die Achsen waren jeweils über 5 Stufen skaliert. Achse 1: Problematik der Situation von 1: unproblematisch bis 5: sehr problematisch und Achse 2: Häufigkeit der Situation von 1: tritt nie auf bis 5: sehr häufig. Die 56 Situationen, die unter 4.3 detaillierter beschrieben werden, wurden auf etwa DIN-A8-großen Karteikarten gedruckt und laminiert. Die Koordinatenachse wurde auf DIN-A-2-Format vergrößert und ebenfalls laminiert.

Die Durchführung betrug im Durchschnitt 30 bis 90 Minuten. Die Zeitdauer der Untersuchung hing von dem jeweiligen Manager ab, also davon, inwieweit er detailliert die Fragen beantwortete bzw. sich öffnete und von sich aus Informationen wie Erfahrungen, Kommentare mitteilte. Vor der eigentlichen Befragung wurden sie bezüglich der Vorgehensweise der Datenerhebung informiert und aufgefordert, demografische Angaben (Alter, Länge des Auslandsaufenthalts im Gastland, Familienstand, Position, Teilnahme eines Vorbereitungstrainings, Gastlandbetreuung, Name der Unternehmen) zu machen.

Während die Teilnehmer die Karten auf der Matrix positionierten (siehe Abbildung 2) und ihre Kommentare beitrugen, wurden die Positionierung der Kartennummern auf einer kleineren zweiten Matrix notiert. Anschließend wurden zu jeder kommentierten Situation noch zusätzliche Notizen gemacht, was die Erhebung sowohl quantitativ als auch qualitativ anwendbar machte. Sofern ein Teilnehmer ein bestimmtes Problem nicht einschätzen konnte, brauchte diese Situation nicht auf der Matrix positioniert werden. Die Kommentare wurden transkribiert, indem die gesprochene Sprache in eine schriftliche Form gebracht wurde (Mayring, Gläser & Zikuda, 2008).

Um weitere Informationen über die jeweiligen Situationen zu erfassen, wurden an bestimmten Stellen die Antworten mit tiefer gehenden Fragestellungen hinterfragt, und es wurde um Beispiele gebeten.

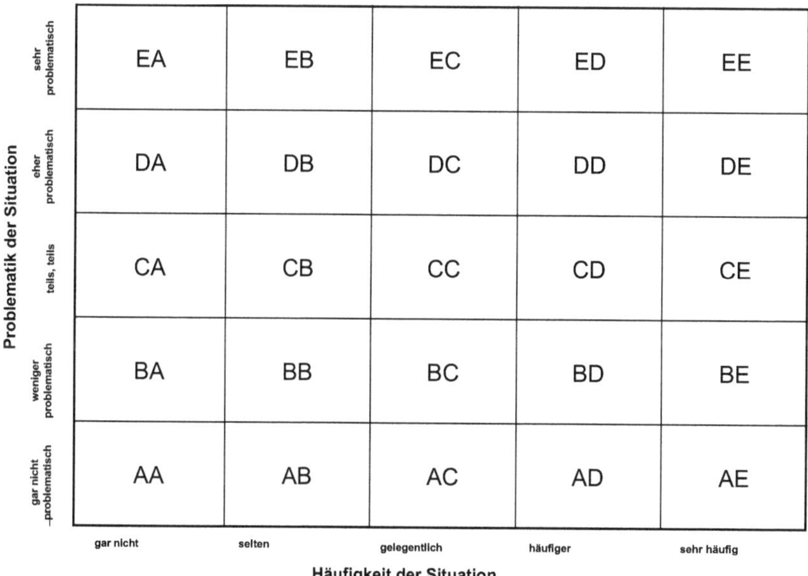

Abbildung 2: Koordinatensystem Problem Detection Study (PDS) für die Datenerhebung

4.2 Beschreibung und Akquise der Interviewpartner

4.2.1 Deutsche Manager in der Türkei

Das Buch „Deutsche Unternehmen in der Türkei", das von der Türkisch-Deutschen Industrie- und Handelskammer im Jahre 2009 publiziert wurde, diente als eine Informations- und Datenquelle, um die deutschen Vorgesetzten zu kontaktieren. Die Ansprache der Probanden erfolgte durch persönliche Kontakte sowie teils mittels Kaltakquise (direkte Kontaktaufnahme von den auf Internetseiten gegebenen Informationen) und durch die herausgegebenen Kontaktdaten der Industrie- und Handelskammer. Die deutschen Manager und Expatriates wurden zuerst per E-Mail angeschrieben und anschließend telefonisch bezüglich eines Face-to-Face-Interviews angesprochen. Im Anschreiben wurden das Thema und das Ziel der Studie erklärt, und die Manager wurden um Unterstützung der Studie durch ihre Teilnahme an einem Interview gebeten. Die Datenerhebung dauerte insgesamt in der Türkei zwei Monate und in Deutschland ein Monat.

Operationalisierung Manager: Es wurden deutsche Manager in der Türkei akquiriert, die unter sich türkische Mitarbeiter haben und eine Leitungsfunktion innehaben. Unter Leitungsfunktion werden jegliche Koordinations-, Führungs- und Delegationstätigkeiten verstanden. Von der unterstellten Mitarbeiteranzahl her gab es kein Kriterium. Wichtig war, dass die Vorgesetzten extern und intern mit den türkischen Arbeitskollegen und Mitarbeitern in Interaktion kommen und eine Führungsposition innehaben. Die Befragten waren teilweise Expatriates, aber auch Manager, die über fünf Jahre in Istanbul wohnen und eine Tätigkeit als eine Leitfunktion haben. Detaillierte Informationen über demografische Daten werden im Kapitel 5 präsentiert.

Innerhalb von zwei Monaten, zwischen dem 15. Februar und dem 15. April 2009, wurden in Istanbul 61 deutsche Manager aus diversen Branchen aus namhaften Unternehmen persönlich interviewt, davon 35 (57 %) Teilnehmer in der höchsten und 18 Teilnehmer (30 %) in der mittleren Hierarchieebene. Anschließend wurden 10 Vorgesetzte, die teilweise auch außerhalb von Istanbul lokalisiert waren, mittels eines Onlinefragebogens befragt. Der Fragebogen wurde per E-Mail an die Expats zugeschickt. Aufgrund des Onlineverfahrens konnten jedoch aus den Angaben dieser 10 Teilnehmer keine qualitativen Daten entnommen werden.

Die Befragten entsammen aus ganz unterschiedlichen Branchen. Die Stichprobe enthält sowohl Vorgesetzte aus den Bereichen Hotellerie, Gastronomie, Banken, Industrie, Medien- und Bildungssektor, industrielle Konzerne und Dienstleistungsbranche sowie weiteren Branchen und Sektoren. Damit kann eine große Bandbreite branchenspezifischer Perspektiven abgebildet werden. Aus datenrechtschutzlichen Gründen, wurden die Namen der international tätigen namhaften Unternehmen, nicht aufgelistet.

Unter diesen Personen sind 18 weibliche (29,5 %) und 43 männliche Teilnehmer (70,5 %) vertreten. Zu einem großen Teil beherrschen die Vorgesetzten (42,6 %) die deutsche, englische und noch eine zusätzliche Sprache. Diese dritte Sprache war bei keinem der Befragten Türkisch. Der Großteil der befragten Personen ist zwischen 35–50 Jahre alt.

Abbildung 3 und Abbildung 4 zeigen, dass die befragten Manager in einer hohen Managementebene (57,4 %) am stärksten vertreten sind und überwiegend 1 bis 50 Mitarbeiter unter sich haben.

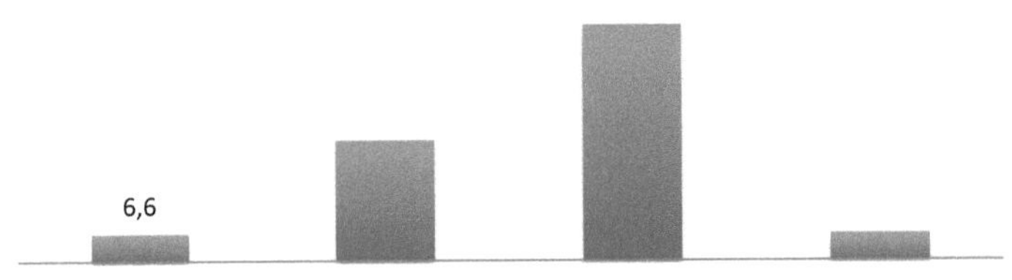

Abbildung 3: Häufigkeitsverteilung Positionen der deutschen Manager in der Türkei

Anzahl der unterstellen Mitarbeiter in %

0 Mitarbeiter | 1-10 Mitarbeiter | 10-50 Mitarbeiter | 50-200 Mitarbeiter | 200-500 Mitarbeiter | über 500 Mitarbeiter

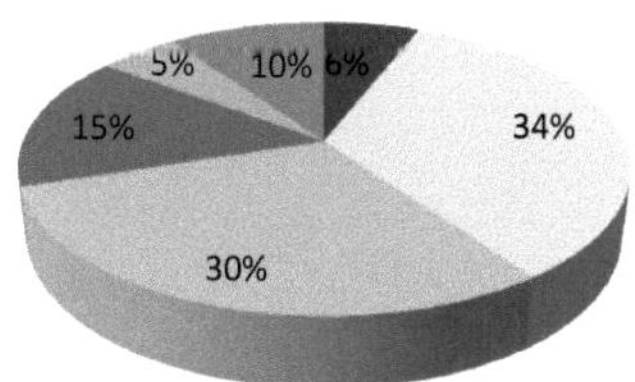

Abbildung 4: Häufigkeitsverteilung der unterstellten Mitarbeiter in Prozentangaben

Bemerkenswerterweise stehen die Häufigkeit und die Breite interkultureller Trainingsmaßnahmen, die in der Fachliteratur behandelt wurden, in einem umgekehrt proportionalen Verhältnis zu ihrer Verbreitung in der Unternehmenspraxis (Einfalt, 2000, Marx, 1996, Stahl, 1998). Wie man der Abbildung 5 entnehmen kann, zeigt sich das auch in dieser Studie. Nur 11 der 61 Befragten gaben an, dass sie ein Vorbereitungstraining von 1–2 Tagen besucht hatten.

Haben Sie ein Vorbereitungstraining besucht?

Nein | Ja

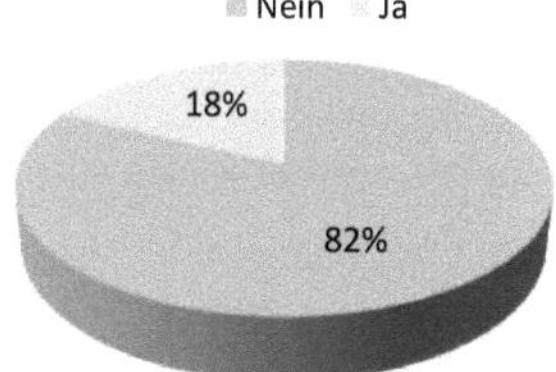

Abbildung 5: Frage zur Vorbereitungstraining vor dem Auslandseinsatz

Die Dauer der Berufstätigkeit in der Türkei wurde in fünf Klassen erfragt. Es ergab sich, dass der Großteil der Befragten zwischen 2–4 Jahren in der Türkei berufstätig war. Detaillierte Informationen dazu sind in der Abbildung 6 zu entnehmen.

Seit wann sind Sie in der Türkei berufstätig?

0-1 Jahre | 2-4 Jahre | 4-8 Jahre | 8-15 Jahre | über 15 Jahre

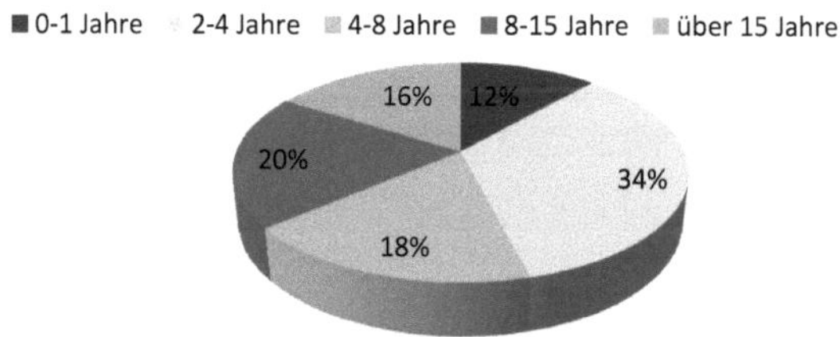

Abbildung 6: Häufigkeitsverteilung der Manager in Bezug auf die Tätigkeitsdauer in der Türkei

Anschließend gaben 15 von den befragten 61 Managern an, dass sie im Gastland formell betreut wurden (siehe Abbildung 7).

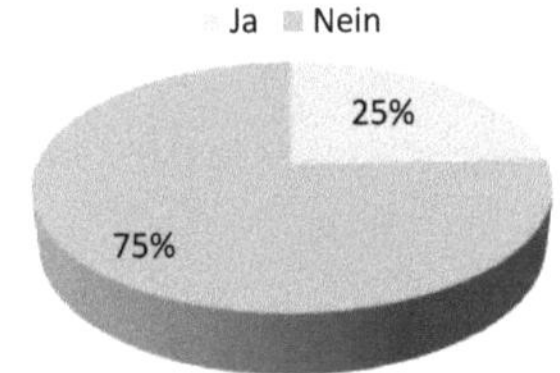

Abbildung 7: Häufigkeitsverteilung der Teilnehmer bzgl. der Gastlandbetreuung

Selbst durch aufwendige sprachliche, fachliche und interkulturelle Qualifizierungsmaßnahmen vor der Reise können nicht alle Situationen im neuen Arbeits- und Lebensfeld vorausschauend behandelt werden. Nach einer Umfrage von Tung (1998) benötigen die meisten Entsandten und ihre Partner bis zu 12 Monaten, um sich an die neue Arbeits- und Lebenssituation im Ausland anzupassen (Kühlmann, 2004). Anhand der Ergebnisse läuft die Betreuung eher informell als formell ab. Viele Expats gaben an, dass sie informelle Ansprechpartner innerhalb des Unternehmens hatten und bei Bedarf von denen Unterstützung bekamen. Neben einer Auswahl und Vorbereitung kommt der Betreuung vor Ort eine hohe Bedeutung zu, die nicht zu unterschätzen ist. Um Problemen entgegenzuwirken und den Mitarbeiter zu motivieren, wäre eine kontinuierliche Betreuung vor Ort empfehlenswert. In Kapitel 8.3 (S. 73) wird ein kontinuierliches Betreuungskonzept für die Entsandten dargestellt.

4.2.2 Deutsche Manager in Deutschland als Vergleichsgruppe

Um sich im multikulturellen Umfeld sicherer bewegen zu können und um größere Missverständnisse zu vermeiden, ist es wichtig zu erkennen, wann es sich bei Problemen um solche handelt, die kulturell bedingt sind. Aus diesem Grund dienen die deutschen Manager in Deutschland als Vergleichsgruppe, um zu identifizieren bzw. zu differenzieren, welche Probleme sowohl in Deutschland als auch in der Türkei vorkommen und welche eher Türkei spezifische Problemsituationen darstellen. Als Vergleichsgruppe wurden 30 Manager befragt, davon 16 (53 %) in der mittleren und 14 (47 %) in der obersten Managementebene. 18 Vorgesetzte wurden bundesweit in Deutschland Face to Face interviewt und 12 online mittels eines Online-Fragebogens befragt. Die Befragten, davon 3 Frauen und 27 Männer, entstammen aus ganz unterschiedlichen Branchen. Die Stichprobe enthält sowohl Vorgesetzte aus den Bereichen Hotellerie, Gastronomie, Banken, Industrie, Medien- und Bildungssektor, industrielle Konzerne und Dienstleistungsbranche sowie Beratungsbranche und weitere Sektoren. 22 (73 %) Teilnehmer sind seit 1–4 Jahren, 3 (10 %) zwischen 4 und 15 Jahre und 7 (17 %) über 15 Jahre für das Unternehmen tätig. 53 % (N:16) der Manager gaben an, dass sie schon vorher im Ausland eine Zeit lang berufstätig waren (siehe Abbildung 8).

Waren Sie schon vorher im Ausland berufstätig?

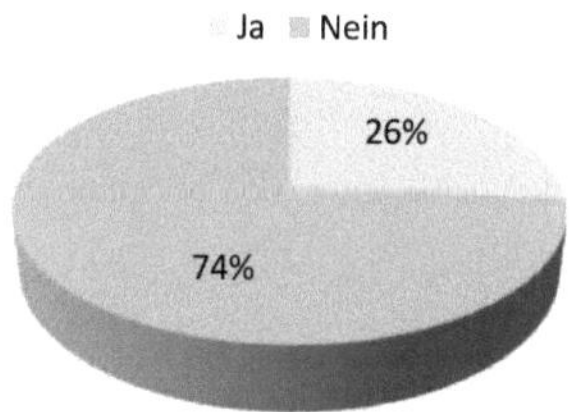

Abbildung 8: Häufigkeitsverteilung der Teilnehmer bzgl. des vorherigen Auslandsaufenthalts

Die Ansprache der Befragten erfolgte durch persönliche Kontakte sowie durch vorhandene Netzwerke. Hierfür wurde auch sowohl die telefonische Ansprache als auch die Ansprache via E-Mail genutzt.Über verschiedene Netzwerke im Internet (z. B. Xing) wurden potenzielle Teilnehmer angeschrieben, die eine Führungsposition innehaben und Angestellte unter sich haben. Die Durchführung der Methode erfolgte in der gleichen Art und Weise wie die der deutschen Manager in der Türkei (Siehe 4.1, S. 17). Die Ergebnisse dieser Datenerhebung werden differenziert im Kapitel 4 präsentiert.

4.3 Auswahl und Konstruktion der Situationen

Nach Thomas (2007) kann es in einer fremden Kultur zu sogenannten "kritischen Situationen" kommen, in denen ein oder auch beide Partner auf unerwartetes Verhalten und auf Reaktionen stoßen, deren Bedeutungen und Sinn sie nicht verstehen, da diese sich ihnen allein aus ihren eigenen, gewohnten kulturellen Orientierungssystemen nicht erschließen. Bereits bei der Wahrnehmung der gleichen Konfliktsituation werden nach Gudykunst (1994; zitiert von Kammhuber, 2005) für Menschen aus unterschiedlichen Orientierungssystemen systematisch unterschiedliche Aspekte bedeutsam. Menschen aus eher individualistischen Gesellschaften tendieren zum Beispiel dazu, eher sachbezogene Differenzen als Konfliktquelle wahrzunehmen, während in kollektivistischen Gesellschaften eher ein angespanntes Gruppenklima als konfliktauslösend gesehen wird (Thomas, 2007).

Ein Konflikt entsteht im Kontext individueller und sozialer Interaktion (Glasl, 1997; zitiert nach Claude & Mayer, 2008, S. 27) zwischen Akteuren (Individuen, Gruppen, Staaten, Organisationen etc.), wobei wenigstens eine Seite Konflikte im Denken, Fühlen, Vorstellen, Wahrnehmen oder Wollen erfährt. Dabei stellt Lederach (1988; zitiert nach Mayer, 2008, S. 27) fest, dass die Wurzeln eines Konfliktes in der unterschiedlichen

- Wahrnehmung,
- Interpretation,
- Intention
- oder im Ausdruck

liegen können. Diese vier Bereiche sind nach Lederach (1998) durch die Kultur geprägt und entsprechend kulturbedingt in einem Individuum verankert. Demnach können Konfliktsituationen im interkulturellen Arbeitsalltag sehr komplex werden, denn die subjektiven individuellen Wahrnehmungen, Interpretationen, Zielvorstellungen und Handlungen sind netzwerkartig mit den kollektiven, kulturgebundenen Wirklichkeiten des Expats verknüpft und konstruieren sich gegenseitig (Mayer & Waxmann, 2008).

Die spezifischen Situationen für die Datenerhebung wurden anhand der türkischen und deutschen Kulturdimensionen sowie nach einer umfangreichen Literaturrecherche über internationales Management konstruiert. Zusätzlich wurden Interviews mithilfe der Technik der kritischen Ereignisse (Critical Incidence Method), d. h. mithilfe von Fragen nach dem Anlass für kritische Vorfälle und über mögliche Problemfelder mit den Vorgesetzten, die die beiden Kulturen kennen, durchgeführt. Die Methode der kritischen Ereignisse wurde von Flanagan (1954) für die Erfassung und Optimierung von Kundenzufriedenheit in den 1950er-Jahren entwickelt (Hinterhuber & Bieger, 2004). In vielen Bereichen der deutschen und türkischen Kulturstandards bestehen Ähnlichkeiten. Jedoch wurde bei der Entwicklung der Situationen der Fokus nur auf die Unterschiede und auf daraus potenziell entstehende Problemsituationen gelegt, da diese zu Problemen und Spannungen führen und daher besonderer Aufmerksamkeit für den Erfolg des Auslandseinsatzes bedürfen.

Nach E. Koch (2008) existieren sechs interkulturell relevante Managementprozessaspekte, die bei der Entwicklung von den Problemsituationen berücksichtigt wurden:

1. Ziele setzen
2. Planen
3. Entscheiden
4. Umsetzen
5. Kontrollieren
6. Feedback geben

Anschließend wurden neben den interkulturellen Managementprozessen die deutschen und türkischen Kulturdimensionen berücksichtigt, die von diversen Autoren wie Trompenaars, Hofstede etc. entwickelt wurden. Ein Teil dieser Kulturdimensionen wird in Kapitel 6 detailliert erläutert, um Verständnis über die Hintergründe der Top-Ten-Managerprobleme zu schaffen und darauf aufbauend Lösungsvorschläge und Maßnahmen zu implementieren. Um partielle Wiederholungen der Beschreibung von den deutschen und türkischen Kulturstandards zu vermeiden, sind die gesamten Erklärungen der Kulturdimensionen in detaillierter Form im Anhang zu finden.

In der vorliegenden Tabelle 3 werden die deutschen und türkischen Dimensionen dargestellt, die in der deutschen und türkischen Gesellschaft im Gegensatz zueinander stehen. Zum Beispiel hat Deutschland eine große Prägung der Sachorientierung. Im Gegensatz dazu hat die türkische Kultur eher die Beziehungsorientierung im Fokus. Anhand dieses Unterschieds wurde zum Beispiel die folgende Situation konstruiert.

„Anstatt unsere Qualifikationen und Unterlagen anzuschauen, möchten Kunden uns erst mal intensiv kennenlernen.“

Diese Situation beinhaltet die Beziehungsorientierung der türkischen Gesellschaft, die in Deutschland nicht so hoch ausgeprägt ist.

Tabelle 3: Vergleich der deutschen und türkischen Kulturdimensionen

Deutschland	**Türkei**
Sachorientierung	Beziehungsorientierung
Wertschätzung der Strukturen und Regeln	Relativismus von Regeln und Zeit
Regelorientierte internalisierte Kontrolle	Hierarchieorientierung
Zeitplanung	Relativismus von Zeit
Trennung von Persönlichkeits- und Lebensbereichen	Vermischung von Beruflichem und Privatem
Schwacher Kontextorientierung	Hohe Kontextorientierung
Individualismus	Kollektivismus
Geringe Machtdistanz	Hohe Machtdistanz
Tendenziell maskuline Werte	Tendenziell feminine Werte

Zunächst wurden ca. 122 Situationen entwickelt. Nach einer Selektion wurden die Situationen nach Absprache mit den Dozenten auf 86 verringert. Am Anfang der Datenerhebungsphase wurde jedoch festgestellt, dass die Durchführung sehr lange dauerte und dass sich die Situationen teils wiederholten. Daher wurden die 86 Situationen nochmals auf 56 Situationen reduziert. Die Statements wurden in den jeweiligen Kulturdimensionen gruppiert und untergeordnet, die in der kommenden

Tabelle 4 dargestellt sind. Diese selbst entwickelten Situationen sind nicht als Skalen im Sinne der Testkonstruktion zu verstehen, da es nicht Anliegen der Untersuchung ist, ein standardisiertes Erhebungsinstrument zu gestalte

Tabelle 4: Verteilung der Problemsituationen nach den jeweiligen Kulturdimensionen

Deutsche und türkische Kulturdimensionen	Formulierte Problemsituationen
Sachorientierung vs. Beziehungsorientierung	Es wird jemand befördert, der gute Beziehungen hat, obwohl es andere gibt, die bessere Leistungen zeigen oder auch gezeigt haben.
	Bevor man zum Geschäft kommt, gibt es eine lange Smalltalkphase.
	Anstatt unsere Qualifikationen und Unterlagen anzuschauen, möchten Kunden uns erst mal intensiv kennenlernen.
	Ohne gute Beziehungen ist es schwieriger, in der Türkei voranzukommen.
	Die Mitarbeiter zeigen gegeneinander eine distanzlose/ unprofessionelle Art.
	Mitarbeiter machen sehr viele schmeichelhafte Äußerungen, um gute Beziehungen zu erzielen.
	Mitarbeiter konzentrieren sich nicht auf das Wesentliche und lassen sich schnell von den Kollegen ablenken.
	Mitarbeiter reden sehr viel über persönliche Themen, auch wenn es mich gar nicht interessiert.
	Leute reden viel und machen wenig.
Wertschätzung der Strukturen und Regeln vs. Relativismus von Regeln und Zeit	Mündliche Versprechungen werden nicht eingehalten, alles muss man schriftlich in Verträge umwandeln.
	Mitarbeiter halten sich nicht an die Sicherheitsregel (z. B. tragen sie keinen Helm/Kittel).
	Verschiedene Mitarbeiter informieren den Vorgesetzten über den gleichen Arbeitsablauf unterschiedlich.
	Die Mitarbeiter/Arbeitskollegen handeln sehr schnell, ohne richtig nachzudenken
	Viele Mitarbeiter halten sich oft nicht an die Regeln.
	Im Alltag gibt es mangelhafte Strukturen und daraus entstehende Störungen im geplanten Ablauf.
	Vorgaben werden nicht exakt eingehalten.
	Langfristige Terminvereinbarungen werden von den Arbeitskollegen nicht eingehalten.
	Mitarbeiter ändern die Struktur/Prozesse spontan, wie es ihnen in dem Moment passt, ohne den Vorgesetzten zu informieren oder nachzufragen.
	Vor dem Vertragsschluss sagt der zukünftige Vertragspartner kurzfristig ab.

Regelorientierte internalisierte Kontrolle **vs.** **Hierarchieorientierung**	Ständig muss man immer wieder die Mitarbeiter kontrollieren, damit vorgegebene Ziele und Aufgaben überhaupt eingehalten werden.
	Die Mitarbeiter sind nicht diszipliniert.
	Die Mitarbeiter zeigen keine Eigeninitiative.
	Die Mitarbeiter brauchen ständig Motivation, um die Aufgaben richtig zu erfüllen.
	Mitarbeiter muss man ständig kontrollieren und „selbstverständliche" Anweisungen geben.
	Die Mitarbeiter zeigen übertriebenen Respekt und machen den Vorgesetzten viele Komplimente.
	Berufliche und auch private Termine werden nicht als verbindlich angesehen.
	Die Kollegen bereiten sich für Meetings, Besprechungen nicht vor (Vorlagen, Folien, Plan etc.).
Zeitplanung **vs.** **Relativismus von Zeit**	Ein Arbeitskollege/Jemand kommt zu einer wichtigen Arbeitsbesprechung zu spät.
	Jemand sagt vor einem wichtigen Meeting kurzfristig ab.
	Lieferungen verspäten sich ständig durch verschiedene Ausreden.
	Egal, wie wichtig ein Projekt ist, die Mitarbeiter werden nicht rechtzeitig fertig. (Immer gib es eine Ausrede.)
	Die Mitarbeiter kommen häufig zu spät zur Arbeit und benutzen ständig diverse Ausreden wie Verkehr, Wetter usw.
	Zahlungen von Kunden verzögern sich.
	Mitarbeiter haben Schwierigkeiten, realistische Einschätzungen für die einzelnen Deadlines der Aufgaben vorzunehmen.
Trennung von Persönlichkeits- und Lebensbereichen **vs.** **Vermischung von Beruflichem und Privaten**	Mitarbeiter beschäftigen sich während der Arbeit mit ihren privaten Angelegenheiten (Telefon, E-Mails), anstatt sich auf die Arbeit zu konzentrieren.
	Es ist üblich, nach der Arbeit mit den Arbeitskollegen noch etwas zu unternehmen.
	Die Arbeit wird wegen privater Probleme verzögert und beeinträchtigt.
	Privates und Arbeit werden nicht getrennt.
	Man bekommt von den Mitarbeitern Einladungen nach Hause.
	Mitarbeiter/Kollegen mischen sich in meine Zuständigkeiten ein, obwohl sie es nichts angeht.
	Die Mitarbeiter sind distanzlos.
	Die Privatsphäre im Arbeitsleben zu schützen ist schwierig.

<table>
<tr><td rowspan="5">Schwache Kontextorientierung
vs.
Hohe Kontextorientierung indirekte Kommunikation</td><td>Nach einer negativen Rückmeldung sind die Mitarbeiter beleidigt. (Man kann nie was auf der Sachebene kommunizieren.)</td></tr>
<tr><td>Die Mitarbeiter sagen häufig die Unwahrheit.</td></tr>
<tr><td>Man muss oft zwischen den Zeilen lesen können.</td></tr>
<tr><td>Arbeitskollegen können nie direkt „nein“ sagen.</td></tr>
<tr><td>Eine Aussage impliziert meistens mehrere Botschaften, was meistens zu Missverständnissen führt.</td></tr>
<tr><td rowspan="2">Individualismus
vs.
Kollektivismus, Mitmenschlichkeit</td><td>Auch außerhalb besonderer Anlässe erhält man Geschenke von den Mitarbeitern.</td></tr>
<tr><td>Beim 1. Treffen mit neuen Geschäftspartnern spricht man schon über die Familie und muss auch persönliche Fragen beantworten.</td></tr>
<tr><td rowspan="2">Ambivalenter Nationalstolz der türkischen Bevölkerung</td><td>Immer dann, wenn ich meine Meinung über den Islam oder die Politik äußere, nehmen die Arbeitskollegen das Thema persönlich und reagieren abweisend (+ Sachorientierung und direkte Kommunikation).</td></tr>
<tr><td>Wenn man religiöse Ansichten/Themen im Business Kontext thematisiert, werden dadurch Vorurteile erzeugt.</td></tr>
<tr><td rowspan="3">Ehre und Ansehen</td><td>Probleme/Schwierigkeiten/Fehler werden bei der Arbeit nicht offen zugegeben (Gesichtsverlust, Ehre Verletzung).</td></tr>
<tr><td>Kritik wird als Gesichtsverlust wahrgenommen (anstatt es sachlich zu nehmen).</td></tr>
<tr><td>Türkische Mitarbeiter äußern keine direkte Kritik (+ indirekte Kommunikation)</td></tr>
<tr><td rowspan="2">Items, die nicht den Kulturstandards zugeordnet werden konnten:</td><td>Mitarbeiter reden manchmal zu viel über Themen, von denen sie überhaupt keine Ahnung haben.</td></tr>
<tr><td>Angestellte bitten wegen privater Probleme um Gehaltserhöhung.</td></tr>
</table>

4.3.1 Vorteile und Einschränkungen der Methode

4.3.1.1 Vorteile

Die Methode stellt eine sehr interaktive Befragung dar, indem quantitative wie auch qualitative Daten erhoben wurden. Die Verknüpfung der beiden Formen der Datenerhebung erwies sich als äußerst vorteilhaft für die Realisierung der Zielerreichung. Die Teilnehmer positionierten die Karten je nach Häufigkeit und Problemhaftigkeit, und während der Positionierung teilten sie auch die jeweiligen Begründungen verbal mit (was in dem Moment auch zusätzlich dokumentiert wurde). Dadurch wurden die statistischen Angaben individualisiert und die Intentionen bei der der Beantwortung der Fragen einzeln aufgeklärt. Der Teilnehmer konnte in dem Moment offene Fragen über die jeweiligen Situationen stellen, was bei einer Beantwortung eines klassischen Fragebogens nicht realisierbar wäre. Durch die Methoden wurden in einer kurzen Zeit vielfältige Informationen gewonnen. Die Teilnehmer hatten die Möglichkeit, für jede Situation ihre Erfahrungen und Perspektiven beizutragen. In vielen Situationen fanden sie sich angesprochen und verstanden, sodass sie sich auch bei manchen Situationen mehr als erwartet öffneten. Sie waren motiviert, da sie einerseits eigene erlebte Situationen aus den befragten Statements erkannten und andererseits für sie relevante Probleme, die sie vorher nicht bedacht hatten, bewerten konnten. Insgesamt berichteten sie, dass sie die Methode sehr interessant fanden. Besonders fanden sie gut, dass sie am Ende der Durchführung die Möglichkeit hatten, zu sehen, wo ihre Tendenzen für die jeweiligen Situationen lagen. Zum Beispiel stellte ein Teilnehmer am Ende der Erhebung fest, dass er sehr viele Karten im kritischen Bereich positioniert hatte. Er empfand darüber Verwunderung und fand es interessant, sich selbst damit auseinanderzusetzen, dass er sich doch mit vielen Herausforderungen und unangenehmen Situationen konfrontiert fühlt.

Die Methode bietet eine gute Rahmenbedingung für ein interaktives und offenes Gespräch, wobei auch die Befragten sich selbst entscheiden können, inwieweit sie sich öffnen und individuelle Erfahrungen mitteilen möchten.

4.3.1.2 Einschränkungen

Da die Situationen kurz als ein Statement dargestellt wurden, bestand die Gefahr, dass die jeweiligen Teilnehmer sich darunter etwas anderes vorgestellt und entsprechend die Situationen anders interpretiert und beantwortet haben könnten. Dadurch ist die Operationalisierung nicht vollständig gewährleistet, dass jeder Teilnehmer exakt im Sinne der ursprünglich gedachten Bedeutung bewertet hat. Um diese Wahrscheinlichkeit möglichst zu minimieren, wurden die Teilnehmer während der Durchführung beobachtet, bei eventuellen Verständnisproblemen unterstützt, und bei Verzögerungen der Beantwortung bestimmter Situationen wurde das jeweilige Statement weiter erläutert. Aus diesen Gründen ist es besser, die Methode Face to Face durchzuführen als die Probanden mit verschiedenen Online-Tools zu befragen.

4.4 Auswertung der kritischen Problemsituationen

Für die Berechnung und Auswertung der jeweiligen Daten wurde das Statistik-Programm SPSS (Statistical Package for the Social Science, Version 18) angewendet.

Im Rahmen der Auswertungen wurden die Top-Ten-Situationen im kritischen Bereich in Bezug auf die Häufigkeit und Problemhaftigkeit herausgefiltert (siehe Tabelle 5). Die angegebenen Mittelwerte sind aus der Addition von Häufigkeit und Problemhaftigkeit entstanden und befinden sich somit innerhalb des Bereiches von 2 bis 10. Für die Berechnungen der T-Tests wurden die Probleme, die dem kritischen Bereich zugeordnet wurden, aufsummiert, woraus sich die Gesamtsumme der Probleme ergab.

Kritischer Bereich: Das Feld beinhaltet die Antwortmöglichkeiten „eher problematisch" und „sehr problematisch" mit der Kombination von „häufiger" und „sehr häufig". Wie man aus der Abbildung 9 entnehmen kann, wurde für die Situationen, die im kritischen Feld platziert waren, 1 Punkt und für die Situationen, die in den restlichen 21 Feldern platziert waren, 0 Punkte vergeben und die entsprechenden Daten umcodiert.

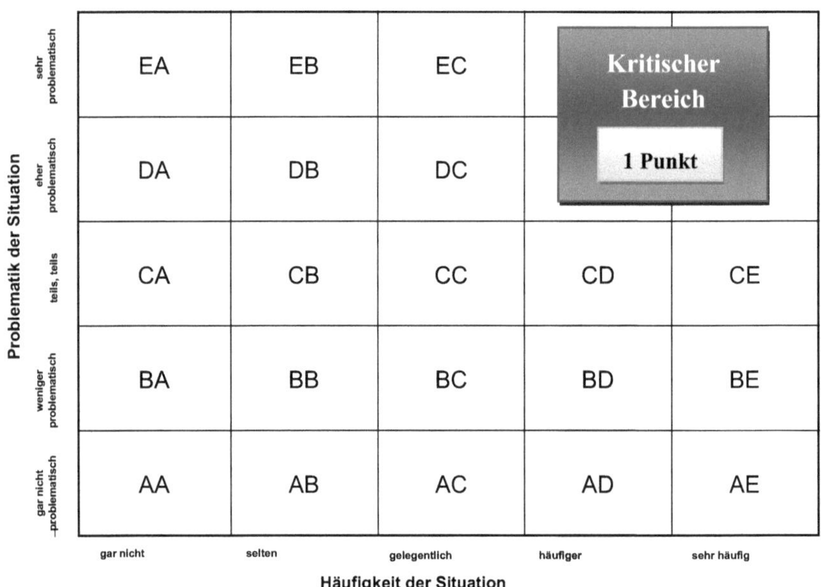

Abbildung 9: Das Koordinatensystem PDS mit der Markierung des kritischen Bereichs

5 Ergebnisse der deutschen Manager

5.1 Deutsche Manager in der Türkei

5.1.1 Top-Ten-Probleme

Tabelle 5 veranschaulicht die ersten zehn Problemsituationen, die am häufigsten im kritischen Feld von den deutschen Managern in der Türkei angegeben worden sind.

Tabelle 5: Top-Ten-Probleme der deutschen Manager in der Türkei

Situationen	N	%	Mittelwert h+p	SD h+p
1) Kritik wird als Gesichtsverlust wahrgenommen.	56	50%	7,49	1,69
2) Ohne gute Beziehungen ist es schwieriger, in der Türkei voranzukommen.	61	45,9%	7,42	2,03
3) Probleme/Schwierigkeiten/Fehler werden bei der Arbeit nicht offen zugegeben.	59	44,1%	7,47	1,69
4) Zahlungen von Kunden verzögern sich ständig.	53	41,5%	6,94	2,37
5) Ständig muss man immer wieder die Mitarbeiter kontrollieren, damit vorgegebene Ziele und Aufgaben überhaupt eingehalten werden.	58	39,7%	6,87	2,05
6) Es wird jemand befördert, der gute Beziehungen hat, obwohl es andere gibt, die bessere Leistungen zeigen oder auch gezeigt haben.	56	39,3%	6,82	2,21
7) Türkische Mitarbeiter äußern keine direkte Kritik.	60	36,7%	6,85	2,04
8) Man muss oft zwischen den Zeilen lesen können.	59	35,6%	6,98	1,87
9) Nach einer negativen Rückmeldung, sind die Mitarbeiter beleidigt. (Man kann nie was auf der Sachebene kommunizieren.)	61	32,8%	6,88	1,90
10) Mitarbeiter muss man ständig kontrollieren und „selbstverständliche“ Anweisungen geben.	60	31,7%	6,58	2,08

50 % der Befragten haben angegeben, dass Kritik als Gesichtsverlust angesehen wird, und bewerteten es als häufig bis sehr häufig und problematisch bis sehr problematisch. Der Mittelwert, der aus der Addition von den Werten der Häufigkeit und Problemhaftigkeit gebildet ist, beträgt 7,49. Die Mittelwerte der Top-Ten-Probleme liegen alle im Bereich zwischen M:6,58 und M:7,49, die Prozentsätze von 32 % bis 50 %.

5.1.2 Weitere Ergebnisse

Weiterhin wurden die jeweils fünf am problematischsten und am wichtigsten bewerteten Probleme über die gesamte Stichprobe hinweg hinsichtlich der Mittelwerte betrachtet. Die Mittelwerte variierten von 1 bis 5.

Tabelle 6 listet die fünf am häufigsten bewerteten Situationen und Tabelle 9 die fünf am problematischsten bewerteten Situationen auf. Die Situation "Kritik wird als Gesichtsverlust wahrgenommen" zeigt sich sowohl unter den ersten fünf häufigsten als auch problematisch eingestuften Problemen.

Tabelle 6: Die fünf als am häufigsten bewerteten Probleme über die gesamte Stichprobe

Rangplatz	Problemsituationen	Mittelwert Häufigkeit
1	Bevor man zum Geschäft kommt, gibt es eine lange Smalltalkphase.	3.97 (N:60, SD: 1.11)
2	Ohne gute Beziehungen ist es in der Türkei schwieriger voranzukommen.	3.93 (N:61, SD: 1.12)
3	Man muss oft zwischen den Zeilen lesen können.	3.85 (N:59, SD: 1.06)
4	Kritik wird als Gesichtsverlust wahrgenommen.	3.79 (N:56, SD: 1.10)
5	Beim ersten Treffen mit neuen Geschäftspartnern spricht man schon über die Familie und muss auch persönliche Fragen beantworten.	3.65 (N:60, SD: 1.23)

Tabelle 7: Die fünf am problematischsten bewerteten Probleme über die gesamte Stichprobe

Rangplatz	Problemsituationen	Mittelwert Problemhaftigkeit
1	Mitarbeiter ändern die Strukturen/ Prozesse spontan wie es ihnen passt, ohne den Vorgesetzten dabei zu informieren oder nachzufragen.	4.11 (N:59, SD: 1.10)
2	Es wird jemand befördert, der gute Beziehungen hat, obwohl es andere gibt, die bessere Leistungen zeigen oder auch gezeigt haben.	3.84 (N:56, SD: 1.17)
3	Vor dem Vertragsabschluss sagt der zukünftige Vertragspartner kurzfristig ab.	3.85 (N:55, SD: 1.17)
4	Probleme, Schwierigkeiten werden bei der Arbeit nicht offen zugegeben.	3.83 (N:59, SD: 1.12)
5	Kritik wird als Gesichtsverlust wahrgenommen.	3.77 (N:57, SD: 1.14)

Während der Datenerhebung wurden 19 Managern noch zusätzliche Problemsituationen vorgestellt, und in der Tabelle 8 sind die Top-Drei-Probleme aufgelistet. 68 % von den 19 befragten Personen betrachteten die Situation "Kritik wird persönlich wahrgenommen" als kritisch (häufig bis sehr häufig und problematisch bis sehr problematisch). Dies ist ein ähnliches Statement mit dem gleichen Hintergrund wie bei der ersten Situation. Kritik wird als Gesichtsverlust wahrgenommen. Das Thema Umgang mit Kritik stellt ein sehr wichtiges Themenfeld dar, welches in Punkt 7.2.1 (S. 45) detaillierter bearbeitet wird. Anschließend kommen Probleme bezüglich des Zeitmanagements zum Ausdruck. Mit 53 % haben die Befragten die Situation „Anstatt recht frühzeitig mit den Projekten anzufangen, die Aufgaben sehr kurzfristig vorbereiten was auch meistens zur Überstunden oder Verspätungen führt" als kritisch betrachtet. Für diese Situation werden auch Lösungsvorschläge in Punkt 7.2.11 erläutert. Des Weiteren haben 48 % der Befragten die Situation: „Schlüsselkontakte zählen mehr als Qualifikationen" im dritten Rang als kritisch betrachtet. Da kommt wieder die Beziehungsorientierung der türkischen Kultur zum Ausdruck.

Tabelle 8: Zusätzliche Top-Drei-Probleme der deutschen Manager in der Türkei

Zusätzliche Top–Drei-Problemsituationen deutscher Manager in der Türkei	**Mittelwert**	**SD**	**%**	**N**
Kritik wird persönlich genommen	7,70	2,45	68,4 %	19
Anstatt recht frühzeitig mit den Projekten anzufangen, bereiten die Mitarbeiter die Aufgaben sehr kurzfristig vor (was auch meistens zur Überstunden oder Verspätungen führt)	6,90	1,99	52,6 %	19
Schlüsselkontakte zählen mehr als Qualifikationen	7,00	2,38	47,4 %	19

5.2 Deutsche Manager in Deutschland

5.2.1 Top-Ten-Probleme

In Tabelle 9 werden die am höchsten kritisch (häufig bis sehr häufig und problematisch bis sehr problematisch) bewerteten Situationen je nach Prozentsatz der deutschen Manager in Deutschland vorgestellt. Auch hier wurden für die Situationen, die im kritischen Feld platziert waren, 1 Punkt und für die Situationen, die in den restlichen 21 Feldern platziert waren, 0 Punkte vergeben und die entsprechenden Daten umcodiert. 30 % der Befragten gaben an, dass es ohne gute Beziehungen in Deutschland schwieriger ist, voranzukommen, und bewerteten dies als häufig bis sehr häufig und problematisch bis sehr problematisch. Der Mittelwert, der aus der Addition von den Werten der Häufigkeit und Problemhaftigkeit gebildet ist, beträgt 6,56.Die Mittelwerte der Top-Ten-Probleme liegen alle im Bereich von M: 5,75 bis hin zu M: 6,56 und die Prozentsätze zwischen 10 % und 30 %, was in der Summe einen wesentlich geringeren Anteil im Gegensatz zu den Ergebnissen der deutschen Manager in der Türkei darstellt.

Tabelle 9: Top-Ten-Probleme der deutschen Manager in Deutschland

Top Ten kritische Situationen Deutsche Manager in Deutschland	**N**	**%**	**Mittelwert h+p**	**SD h+p**
1) Ohne gute Beziehungen ist es in Deutschland schwieriger voranzukommen	30	30%	6,56	1,85
2) Probleme/Schwierigkeiten/Fehler werden bei der Arbeit nicht offen zugegeben	30	13.3%	6,00	1,57
3) Kritik wird als Gesichtsverlust wahrgenommen	30	13.3%	6,56	1,69
4) Ständig muss man immer wieder die Mitarbeiter kontrollieren, damit vorgegebene Ziele und Aufgaben überhaupt eingehalten werden	30	13.3%	5,37	1,95
5) Zahlungen von Kunden verzögern sich ständig	30	10%	6,59	1,57
6) Kollegen bereiten sich für Meetings, Besprechungen nicht vor (Vorlagen, Folien, Plan etc.)	30	10%	6,24	1,18
7) Lieferungen verspäten sich ständig durch verschiedene Ausreden	30	10%	6,13	1,33
8) Vorgaben werden nicht exakt eingehalten	30	10%	6,03	1,21
9) Mündliche Versprechungen werden nicht eingehalten, alles muss man schriftlich in Verträgen umwandeln	30	10%	6,03	1,58
10) Nach einer negativen Rückmeldung sind die Mitarbeiter beleidigt (Man kann nie was auf der Sachebene kommunizieren)	30	10%	5,75	1,24

5.3 Vergleich der Ergebnisse der jeweiligen Untersuchungsgruppen

Aus der Tabelle 10 ist es zu sehen, dass sich sechs Problemsituationen überlappen.

Tabelle 10: Überlappende Problemsituationen innerhalb der beiden befragten Gruppen

Die Probleme, die sich sowohl bei den Managern aus der Türkei als auch aus Deutschland im Top–Ten-Bereich befinden:
1. Zahlungen von Kunden verzögern sich
2. Kritik wird als Gesichtsverlust wahrgenommen
3. Ständig muss man immer wieder die Mitarbeiter kontrollieren, damit vorgegebene Ziele und Aufgaben überhaupt eingehalten werden
4. Probleme/Schwierigkeiten/Fehler werden bei der Arbeit nicht offen zugegeben
5. Nach einer negativen Rückmeldung sind die Mitarbeiter beleidigt (Man kann nie was auf der Sachebene kommunizieren)
6. Ohne gute Beziehungen ist es schwieriger in Deutschland /Türkei voran zu kommen

Hier stellt sich nun die Frage, ob es trotzdem signifikante Unterschiede gibt und ob die Situationen als kulturell bedingte Probleme gesehen werden können oder nicht. Um dies zu prüfen, wird eine Vergleichstabelle vorgestellt und werden anschließend die Anteile mit einem Binomial-Test überprüft, um herauszufinden, bei welchen Situationen es sich um allgemeine kulturübergreifende Situationen handelt und welche Situationen kulturbedingte Probleme darstellen, bei denen es Vorbereitungsbedarf für die zukünftigen Manager gibt.

Die Anteile der angegebenen kritischen Probleme zwischen den Managern in der Türkei und in Deutschland sind unterschiedlich ausgeprägt (siehe Tabelle 11).

Tabelle 11: Vergleich der Situationen in Deutschland und in der Türkei

Situationen	Manager TR				Manager DE			
	%	X	SD	N	%	X	SD	N
Zahlungen von Kunden verzögern sich	41.5%	6.94	2.37	53	10 %	6.59	1.57	30
Kritik wird als Gesichtsverlust wahrgenommen	50%	7.49	1.69	56	13.3%	5.37	1.95	30
Ständig muss man immer wieder die Mitarbeiter kontrollieren, damit vorgegebene Ziele und Aufgaben überhaupt eingehalten werden	39.7%	6.87	2.05	58	13.3%	5.89	1.44	30
Probleme/Schwierigkeiten/Fehler werden bei der Arbeit nicht offen zugegeben	44.1%	7.47	1.69	59	13.3%	6.00	1.46	30
Nach einer negativen Rückmeldung sind die Mitarbeiter beleidigt (Man kann nie was auf der Sachebene kommunizieren)	32.8%	6.88	1.90	61	10%	5.75	1.24	30
Ohne gute Beziehungen ist es schwieriger in Deutschland /Türkei voran zu kommen	45.9%	7.42	2.03	61	30%	6.56	1.85	30

Die Problemsituationen, die sich in der Top Ten befinden, ähneln sich im hohen Maße. Die Anteile wurden innerhalb der beiden Gruppen mit dem Binomial-Test und mit dem Chi-Quadrat-Test nach Pearson geprüft. Anhand der Berechnungen wurde festgestellt, dass es außer der Situation „14. Ohne gute Beziehungen ist es schwieriger, in Deutschland/Türkei voranzukommen (20)" signifikante Unterschiede ($p<0,05$) innerhalb der beiden Gruppen gibt. Die deutschen Manager in Deutschland haben sich mit den Situationen teils auch auseinandergesetzt und dieselben Situationen in einer abgeschwächten Form erlebt. Jedoch ist die Intensität und das Ausmaß der Wahrnehmung viel höher mit den türkischen Mitarbeitern ausgeprägt als mit den deutschen Mitarbeitern, sodass die deutschen Manager, die in die Türkei entsendet worden sind, sich mit diesen Punkten vorher befassen sollten, um mit den potenziellen Herausforderungen besser umgehen zu können.

5.4 Schlussfolgerung

Die Problemsituationen, die in den ersten zehn kritischen Feldern vorkommen, können außer der Situation „Ohne gute Beziehungen ist es schwieriger, in der Türkei voranzukommen (20)" als kulturspezifische Probleme bezeichnet werden, da es vom Anteil her signifikante Unterschiede gab. Für diese Situationen ist eine Vorbereitung notwendig. Die Lösungsvorschläge und Hintergründe der Situationen werden in Kapitel 7 vorgestellt.

6 Zusatzstudie: Wahrnehmung der türkischen Mitarbeiter

6.1 Fragestellung

Ziel dieser Befragung ist es, die Sichtweise und Wahrnehmung türkischer Mitarbeiter zu erfassen. Die Hauptfragestellung ist, inwieweit die türkischen Mitarbeiter den turkischen und den deutschen Vorgesetzten unterschiedlich wahrnehmen und in Hinblick auf problematische Situationen bewerten.

Die Hypothese dieser Erhebung lautet, dass türkische Mitarbeiter mit den deutschen Managern aufgrund kultureller Unterschiede häufiger Problemsituationen erleben als mit türkischen Managern.

6.2 Beschreibung der Datenerhebung

Um die Mitarbeiterperspektive zu erfassen, wurden türkische Mitarbeiter, die einen deutschen und einen türkischen Vorgesetzten haben oder gehabt haben, befragt. Für die Umfrage wurde der deutsche Manager informiert und für die Durchführung der Befragung seiner Mitarbeiter um Erlaubnis gebeten. Bei manchen Mitarbeitern war es der Fall, dass sie nur einen deutschen Vorgesetzten hatten, sodass sie die Fragen über den türkischen Manager anhand ihrer früheren Erfahrungen beantworteten. Die Mitarbeiter wurden aufgefordert, 22 Situationen je nach Häufigkeit und nach Problemhaftigkeit anhand der Erfahrungen mit den jeweiligen Managern zu bewerten. Durch die Befragung wurde eine zusätzliche Perspektive zu dem Manager erfasst, indem die verschiedenen Sichtweisen der Mitarbeiter erfragt wurden.

6.3 Beschreibung der Stichprobe

Es wurden insgesamt 45 türkische Mitarbeiter, davon 27 (60 %) weiblich und 18 (40 %) männlich, in Istanbul befragt. Die befragten Mitarbeiter kamen aus verschiedenen Hierarchiestufen und Arbeitsbereichen. Das ausschlaggebende Kriterium für die Rekrutierung der Mitarbeiter war, dass sie unter einem deutschen Vorgesetzten positioniert waren. Die Dauer der Betriebszugehörigkeit wurde in 3 Stufen erhoben. So ergab sich, dass 23 Teilnehmer (51 %) weniger als 5 Jahre für das Unternehmen arbeiteten, 12 Teilnehmer (26,7 %) zwischen 5 bis 10 Jahren für das Unternehmen tätig waren und 10 (21 %) Teilnehmer über 10 Jahre für das Unternehmen arbeiteten (siehe Abbildung 10). Aus datenrechtschutzlichen Gründen, wurden die Namen der international tätigen namhaften Unternehmen, nicht aufgelistet.

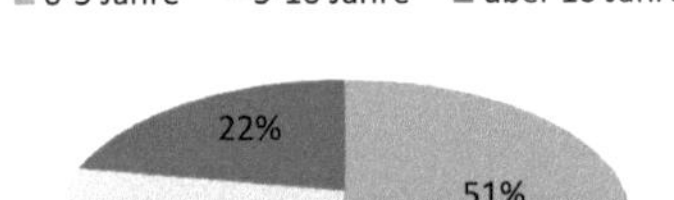

Abbildung 10: Dauer der Betriebszugehörigkeit der türkischen Mitarbeiter

84 % der befragten Mitarbeiter gaben an, dass sie die deutsche Sprache beherrschen, und 50 % beherrschen neben Deutsch noch eine weitere Sprache.

6.4 Auswahl der Situationen

Die spezifischen Situationen für die Datenerhebung wurden anhand der türkischen und deutschen Kulturdimensionen entwickelt. Bei der Konstruktion der Situationen wurde der Fokus nur auf die Unterschiede und daraus potenziell entstehende Problemsituationen gelegt, da diese zu Problemen und Spannungen führen und daher besonderer Aufmerksamkeit für den Erfolg des Unternehmens bedürfen.

Die im dritten Kapitel vorgestellte Abbildung der Kulturdimensionen wurde auch für diese Datenerhebung berücksichtigt (siehe Tabelle 3, S. 24). Die entwickelten Problemsituationen wurden in den jeweiligen Kulturdimensionen gruppiert (siehe Tabelle 12). Diese Situationen sind nicht als Skalen im Sinne einer Testkonstruktion zu verstehen, da es auch hier nicht das Anliegen der Untersuchung ist, ein standardisiertes Erhebungsinstrument zu gestalten.

Tabelle 12: Verteilung der Problemsituationen für die türkischen Mitarbeiter nach den Kulturdimensionen

Deutsche und türkische Kulturdimensionen	Formulierte Problemsituationen
Sachorientierung vs. Beziehungsorientierung	Der Vorgesetzte ist sehr distanziert
	Der Vorgesetzte redet selten über persönliche Sachen
	Der Vorgesetzte zeigt nie seine Gefühle
	Der Vorgesetzte interessiert sich nicht an meine Persönlichkeit und persönliche Anlässe
	Telefongespräche mit den Geschäftspartnern sind immer kurz und unpersönlich
	Bei Besprechungen stehen Profit und Leistung immer im Vordergrund (Persönliches wird nicht angesprochen)
	In jedem Kontext/ Gespräch wissen die Vorgesetzten immer alles besser
	Mein Vorgesetzter nimmt auf Gefühle des Ansprechpartners keine Rücksicht
Trennung von Lebens- und Persönlichkeitsbereichen, Distanzregulierung vs. Vermischung von Beruflichem und Privatem	Der Vorgesetzte wirkt auf mich arrogant
	Der Vorgesetzte wirkt auf mich sehr kühl und ernst
	Immer wenn ich Fragen zu Privatleben stelle, gucken die Vorgesetzten mich komisch an oder antworten gar nicht auf meine Frage
	Der Vorgesetzte wirkt auf mich humorlos
	Über persönliche Belange kann man mit dem Vorgesetzten nicht sprechen
Wertschätzung von Strukturen und Regeln, Gerechtigkeit Vs.	Es gibt zu viele unnötige Regeln
	Der Vorgesetzte vereinbart immer langfristige Termine, obwohl man noch eine längere Zeit vor sich hat – wer weiß was bis dahin passiert
	Der Vorgesetzte gibt uns stets Fristen vor
	Der Vorgesetzte reagiert sehr ungehalten, wenn es bei den Plänen zu Veränderungen kommt

<table>
<tr><td rowspan="4">Relativismus von Regeln und Zeit</td><td>Wenn es um Aufgaben geht, die ich erledigen muss, erlebe ich meinen Vorgesetzten oft ungeduldig</td></tr>
<tr><td>Für jede Kleinigkeit unserer Tätigkeit gibt es Anweisungen, Regeln und Gesetze</td></tr>
<tr><td>Es gibt keinen Raum für Kreativität und Improvisation</td></tr>
<tr><td>Bei Planabweichungen zeigt der Vorgesetzte keine Toleranz</td></tr>
<tr><td rowspan="2">Detailorientierung</td><td>Der Vorgesetzte ist sehr perfektionistisch</td></tr>
<tr><td>Der Vorgesetzte braucht für das Treffen einer Entscheidung sehr lange aufgrund seiner gründlichen Arbeitsweise</td></tr>
<tr><td rowspan="2">Direkte Kommunikation, schwacher Kontext
vs.
Indirekte Kommunikation, hohe Kontextorientierung</td><td>Der Vorgesetzte wirkt auf mich sehr rücksichtlos</td></tr>
<tr><td>Der Vorgesetzte legt keinen Wert auf die Gefühle und äußert direktes Feedback</td></tr>
<tr><td>Ambivalenter Nationalstolz</td><td>Der Vorgesetzte spricht politische, religiöse Themen direkt an und kommentiert direkt über problematische Themen</td></tr>
<tr><td>Individualismus
vs.
Mitmenschlichkeit-Kollektivismus</td><td>Mein Vorgesetzter reagiert peinlich und berührt bei Geschenken</td></tr>
<tr><td rowspan="2">Ehre und Ansehen</td><td>Ständig wird über unsere Schwachstellen diskutiert, anstatt auch mal unsere Stärken zu betonen</td></tr>
<tr><td>Der Vorgesetzte lobt wenig</td></tr>
</table>

6.5 Ergebnisse

6.5.1 Vorgehensweise der Auswertung

Auch hier wurde für die Berechnung der Daten das SPSS-Programm (Version 18) benutzt. Im Rahmen der Auswertungen wurden die Top-Vier-Situationen des kritischen Bereichs in Bezug auf die Häufigkeit und Problemhaftigkeit herausgefunden. Die angegebenen Mittelwerte sind aus der Addition von Häufigkeit und Problemhaftigkeit entstanden und befinden sich somit innerhalb des Bereiches von 2 bis 10.

6.5.2 Top-Vier-Probleme

In der Tabelle 13 werden die Ergebnisse der Top-Vier-Problemsituationen anhand des Mittelwerts und in der Tabelle 14 die Ergebnisse je nach dem Prozentsatz des kritischen Bereiches aufgelistet.

Nach Mittelwert:

Tabelle 13: Ergebnisse der Top-Vier-Probleme der türkischen Mitarbeiter nach Mittelwert

Top-Vier-Probleme der türkischen Mitarbeiter mit dem türkischen Manager	Top-Vier-Probleme der türkischen Mitarbeiter mit dem deutschen Manager
1) **Der Vorgesetzte lobt wenig** M: 6.86 SD:2.52 N:37	1) **Für jede Kleinigkeit unserer Tätigkeit gibt es Anweisungen, Regeln und Gesetze** M: 5.64 SD: 1.88 N:45
2) **Der Vorgesetzte reagiert sehr ungehalten, wenn es bei den Plänen zu Veränderungen kommt** M:6.67 SD: 2.31 N:37	2) **Es gibt keinen Raum für Kreativität und Improvisation (** M: 5.18 SD: 2.10 N:45
3) **Ständig wird über unsere Schwachstellen diskutiert, anstatt auch mal unsere Stärken zu betonen** M: 6.29 SD: 2.42 N:37	3) **Es gibt zu viele unnötige Regeln** M: 5.06 SD: 2.03 N:45
4) **Bei Planabweichungen zeigt der Vorgesetzte keine Toleranz** M: 6.21 SD: 187 N: 37	4) **Der Vorgesetzte lobt wenig** M: 5.06 SD: 2.28 N:45

Nach Prozentsatz des kritischen Feldes:

Tabelle 14: Ergebnisse der Top-Vier-Probleme der türkischen Mitarbeiter nach Prozentsatz

Top-Vier-Probleme der türkischen Mitarbeiter mit dem türkischen Manager	**Top-Vier-Probleme der türkischen Mitarbeiter mit dem deutschen Manager**
1) Der Vorgesetzte lobt wenig 33.3%	**1) Es gibt zu viele unnötige Regeln** 13.3%
2) Der Vorgesetzte reagiert sehr ungehalten, wenn es bei den Plänen zu Veränderungen kommt 28,9%	**2)Der Vorgesetzte braucht für das Treffen einer Entscheidung sehr lange aufgrund seiner gründlichen Arbeitsweise** 13,3%
3) Ständig wird über unsere Schwachstellen diskutiert, anstatt auch mal unsere Stärken zu betonen 28,9%	**3) Es gibt keinen Raum für Kreativität und Improvisation** 13,3%
4) Mein Vorgesetzter nimmt auf Gefühle des Ansprechpartners keine Rücksicht 22,2%	**4) Der Vorgesetzte reagieren sehr ungehalten, wenn es bei den Plänen zu Veränderungen kommt** 13,3%

6.6 Schlussfolgerung

Die türkischen Mitarbeiter gaben insgesamt signifikant mehr Probleme mit den türkischen als mit den deutschen Managern an. Somit hat sich die vorliegende Hypothese nicht bestätigt. Die Ergebnisse weisen keine kulturell bedingten Probleme zwischen den deutschen Vorgesetzten und den türkischen Mitarbeitern aus, im Gegenteil zeigen die Ergebnisse, dass in dieser Stichprobe türkische Mitarbeiter mehr kritische Situationen mit den türkischen Vorgesetzten zum Ausdruck brachten. In Punkt 6.7 werden die eventuellen Ursachen der vorliegenden Ergebnisse bzgl. der türkischen Mitarbeiter diskutiert.

6.7 Potenzielle Gründe für die Ergebnisse

- Manche Mitarbeiter hatten aktuell nur deutsche Vorgesetzte, und sie wurden gebeten, die Fragen bezüglich türkischer Manager anhand ihrer vorigen Erfahrungen, die sie mit den türkischen Managern gemacht hatten, zu beantworten. Dadurch besteht die Wahrscheinlichkeit, dass verzerrte Wahrnehmungen aufgrund des ungleichen Zeitrahmens auftauchen können. Es könnte zum Beispiel sein, dass eine lange Zeit vergangen ist und sie es nicht mehr exakt bewerten können oder auch dass sie mit negativen Erfahrungen das Unternehmen gewechselt bzw. verlassen haben.

- Für die Umfrage wurde der deutsche Manager informiert und für die Durchführung um Erlaubnis gebeten. Der Vorgesetzte hatte die Mitarbeiter aufgefordert, den Fragebogen auszufüllen. Allein der Gedanke, dass der Mitarbeiter den Manager bewertet und mit dem türkischen Manager vergleicht, könnte die Mitarbeiter unter Druck setzen und in eine unangenehme Gefühlslage bringen, sodass sie die Tendenz hatten, den deutschen Vorgesetzten positiver zu bewerten. Dies könnte allein durch den Kontext beeinflusst werden. Den Mitarbeitern wurde in der Instruktion deutlich gemacht, dass die Befragung anonym ist und dass den Vorgesetzten keinerlei Daten gezeigt werden. Es könnte sein, dass die Mitarbeiter aber trotzdem Bedenken hatten, ob der deutsche Vorgesetzte die Ergebnisse vielleicht nicht doch noch mitbekommt. Dies könnte Angst über negative Konsequenzen wie Arbeitsplatzverlust erzeugen, wenn sie die aktuellen Manager kritisieren, wohingegen es denen leichter fallen könnte, ehrliche Antworten über den ehemaligen Manager abzugeben, da sie von ihm nicht mehr abhängig sind.

- Ein anderer Grund könnte sein, dass die deutschen Manager allgemein ein hohes Ansehen in der Türkei besitzen und dass die türkische Gesellschaft sehr gastfreundschaftlich ist und ein erhöhtes Toleranzniveau gegenüber Ausländern zeigt, sodass auch manche Verhaltensmuster des deutschen Expatriates nicht als negativ angesehen werden.
- Es könnte aber auch sein, dass die deutschen Manager durch Vorbereitungstrainings und Eigenvorbereitung eher für die Kulturdimensionen und allgemeinen Motive der türkischen Mitarbeiter sensibilisiert sind und viel emphatischer auf die Mitarbeiter zugehen als die türkischen Manager. Die Kulturprägung entsteht durch eine automatische Sozialisation in der Gesellschaft, und dadurch gehört sie zum unbewussten Verhaltensrepertoire (Kumbruck, Derboven, 2005). Meist ist man sich der eigenen Kulturdimensionen nicht stark bewusst, sodass bei den türkischen Vorgesetzten die Sensibilität oder Berücksichtigung der Nuancen eventuell fehlen könnte.

- Es könnte sein, dass der Kontrollmechanismus der deutschen Vorgesetzten kontinuierlicher mit Prozesskontrolle erfolgt, sodass Erfolge von den Mitarbeitern direkt wertgeschätzt können. Dies könnte auch zu positiven Bewertungen führen.

- Des Weiteren könnte es sein, dass die Mitarbeiter das Ziel der Studie durchschaut haben und eventuell nicht als rassistisch wirken wollten, weil sie den deutschen Vorgesetzten schlecht bewerten.

- Teilweise stammen die befragten Mitarbeiter aus Deutschland oder haben eine Zeit lang in Deutschland gelebt bzw. gearbeitet, sodass ihnen die deutsche Mentalität nicht fremd ist. Es könnte höchstwahrscheinlich sein, dass sie auch die deutsche Mentalität und deren Persönlichkeit adaptiert haben und dadurch der kulturell bedingten Art und Weise von dem deutschen Vorgesetzten nicht fremd sind.

- Die Situationen wurden anhand der deutschen und türkischen Kulturdimensionen entwickelt. Es könnte sein, dass andere Items und Problemsituationen, die mit anderen Perspektiven entwickelt sind, zu anderen Ergebnissen führen können. Die Ergebnisse sind nur situationsspezifische Merkmale, die auf keinen Fall ohne Weiteres auf andere Bereiche der Kultur übertragen werden können.

7 Analyse der Ergebnisse und Ableitung von Handlungsempfehlungen

In diesem Kapitel werden die kulturellen Hintergründe und Ursachen der jeweiligen Problemsituationen analysiert und auf dieser Basis sachgerechte Vorschläge während und vor einem Auslandseinsatz in der Türkei für die deutschen Manager abgeleitet.

7.1 Verarbeitung der Ergebnisse

Die vorgestellten Ergebnisse stellen die umfangreichen Interviews (N: 62) mit den deutschen Expatriates und Vorgesetzten in der Türkei dar. Dies sind authentische und repräsentative Problemkonstellationen auf Basis sowohl qualitativer als auch quantitativer Daten, die auch zukünftigen deutschen Expatriates oder auch Vorgesetzten begegnen können und aus deutscher Sicht typische Facetten türkischer Kultur illustrieren.

Zum Ziel der Aufklärung von Hintergründen und Lösungsvorschlägen wurden die Punkte sowohl von Alexander Thomas als auch von Hofstede (1991) berücksichtigt. Nach Alexander Thomas (1996) sollten die Personen, die im Ausland mit einer Fremdkultur konfrontiert sind, folgende Schritte verwirklichen, um einen Erfolg im Ausland zu beschleunigen und den Umgang mit der Fremdkultur zu erleichtern (Thomas, 1996, S. 29):

1) Identifizierung der kritischen Situationen, das Erkennen der fremdkulturellen Bedingungen und Besonderheiten des Wahrnehmens, Denkens, Urteilens, Empfindens und Handelns;
2) Aufklärung über die kulturellen Hintergründe der Situationen, das Verstehen dieser fremdkulturellen Formen der Lebens- und Problembewältigung;
3) Förderung der Anerkennung, dass diese Formen durchaus ebenso vernünftig und sinnvoll sein können wie die eigenen Formen der Lebensbewältigung;
4) Finden von sachgerechten Lösungsvorschlägen zukünftiger Umgangs- und Anpassungsformen.

Bei der Erfahrung, dass die Menschen der Umgebung sich nicht so verhalten, wie die Manager es in der eigenen Kultur gewohnt sind, entstehen Irritationen. Das Gewohnte, das Selbstverständliche wird dann erst zum Thema, wenn die Personen mit anderen ungewohnten Situationen wie zum Beispiel mit interkulturellen Begegnungen konfrontiert sind.

Erst im Spiegelbild der anderen wird das eigene kulturspezifische Orientierungssystem und dessen Wirkung verstanden. Interkulturelle Unterschiede werden erst dann relevant, wenn sie zu Störungen in den geplanten Abläufen oder zu Problemsituationen führen (Schroll-Machl, 2007). Die in diesem Kapitel vorgestellten Kulturdimensionen jeweiliger Länder führen zum Verständnis der eigenen und der fremden Kultur und den produktiveren Umgang mit den interkulturellen Begegnungs- und Kooperationssituationen.

Anschließend unterscheidet Hofstede (1991) drei Phasen des Erlernens interkultureller Kommunikation: Bewusstwerden, Wissen und Fertigkeiten. Durch die Identifikation der Problemsituationen wird das Bewusstwerden der Manager gefördert. Indem Hintergrundinformationen der Situationen gegeben werden, wird das Wissen über die eigene und über die fremde Kultur erweitert, und darauf aufbauend werden Lösungsvorschläge implementiert, welche die Fertigkeiten der Manager in ähnlichen Situationen fördern. Die Wichtigkeit, über sich selbst und über das Fremde Bescheid zu wissen, betont eine über 3000 Jahre alte chinesische Weisheit: „Nur wer den Anderen und sich selbst gut kennt, dem ist in 1000 Begegnungen Erfolg beschieden". Die modernisierte Version dieser alten Erkenntnis lautet: „Nur wer den ausländischen Partner und sich selbst gut kennt, kann in der internationalen Zusammenarbeit erfolgreich sein" (Schroll-Machl, 2007).

Allgemein sollten die Expatriates kulturbedingte Störungen als Informationen betrachten, die genutzt werden können, anstatt sie lediglich als Mangel oder Defizit wahrzunehmen und möglichst schnell abschaffen zu wollen (Devereux, 2000). Sie müssen dabei nicht ihren eigenen Stil komplett aufgeben, sondern sollten eher eine Kombination aus Elementen des eigenen und des lokalen Stils entwickeln und anstreben, durch kreative neue Möglichkeiten Synergieeffekte zu erzeugen (Straub, 2007). Darauf aufbauend ein passendes Zitat von einem Vorgesetzten, der diese Perspektive auch verfolgt:

Dinge haben 2 Seiten. Immer gibt es einen Vorteil und einen Nachteil, was auch zu Verwirrungen führt. Aber wenn man es richtig nutzt, kann man gewinnen und die Vorteile maximieren.

7.2 Abgeleitete Lösungsvorschläge

7.2.1 Kritik wird als Gesichtsverlust wahrgenommen

7.2.1.1 Ergebnis

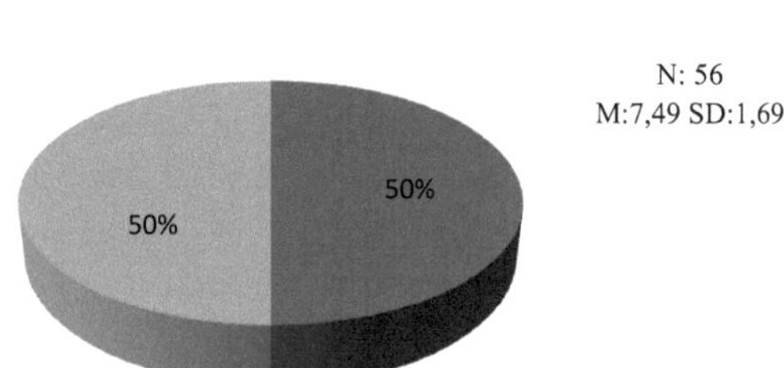

Abbildung 11: Ergebnisdarstellung von der Situation:Kritik wird als Gesichtsverlust wahrgenommen

50 % von den 56 befragten Personen haben die Situation als kritisch (häufig bis sehr häufig und problematisch bis sehr problematisch) betrachtet. Anschließend haben 67 % von den 19 befragten Vorgesetzten zusätzlich angegeben, dass Kritik persönlich wahrgenommen wird.

7.2.1.2 Hintergrund

Zu den Hauptwerten der türkischen Gesellschaft gehören Ehre („namus") und Ansehen („şeref"). Die Werte sind zwar unterschiedlich tief ausgeprägt, aber doch bei vielen Mitbürgern verwurzelt. Durch die kollektivistische Kultur ist das Thema Gesichtsverlust allgemein höher ausgeprägt als in

Deutschland. Diese beiden Werte werden in der türkischen Gesellschaft in sehr vielen Interaktionssituationen sichtbar. Ein Mann muss in der Öffentlichkeit nicht nur durch die Keuschheit der ihm zuzurechnenden Frauen, sondern auch durch das eigene Können und das damit verbundene Auftreten ehrenhaft sein (Appl, Koytek, Schmid, 2007). Erfährt er offene Kritik, und das noch vor anderen, oder kommt er in eine unangenehme Lage, etwas nicht zu können oder zu wissen, ist dies mit dem Gesichtsverlust und damit mit einem Verlust der Ehre („namus") verbunden. Gesichtsverlust und Störung des guten Rufes ist aus türkischer Sicht etwas sehr Negatives. Vor allem gegenüber einem Fremden ist es besonders wichtig, das Gesicht zu wahren (Inanc, 2006). Hier kommt nun der andere zentrale Wert der türkischen Kultur zum Ausdruck. Ein öffentlicher Gesichtsverlust verletzt zum einen die Ehre des Kritisierten; zum anderen verliert derjenige, der die Kritik geäußert hat, dadurch sein Ansehen. Durch Geiz, unkorrektes Auftreten, nicht gewährte Gastfreundschaft oder auch Bloßstellung anderer wird das Ansehen als gemindert betrachtet (Appl, Koytek, Schmid, 2007). Aus diesen Gründen sollten sich die Expats in Konfliktsituationen sehr vorsichtig verhalten und die gegenüberstehende Person auf keinen Fall vor anderen auf ihre Fehler aufmerksam machen. Dies unterstützt auch ein Expat mit seiner Aussage zu diesem Thema:

Vor der Gruppe ist es problematisch, aber professionell Face to Face ist es ok.

7.2.1.3 **Lösungsvorschläge**

Zwei Möglichkeiten zur Kritikausübung: Entweder sollte der Vorgesetzte die Kritik in der Gruppe generell erläutern, das heißt, ansprechen, dass es zu einem Fehlverhalten gekommen ist, ohne direkt zu erwähnen, wer zu diesem Fehler beigetragen hat, oder er sollte den Mitarbeiter zu einem Einzelgespräch einladen und ihn dann angemessen auf seine Fehler aufmerksam machen. Der Vorgesetzte sollte Kritik als Anregung verpacken und mit viel Lob garnieren, sodass der Mitarbeiter sich dabei nicht bloßgestellt fühlt. Am besten erfolgt die Ermahnung in einer neutralen Umgebung und relativ informell. Dadurch wird dem türkischen Mitarbeiter die Möglichkeit gegeben, sein Gesicht zu wahren.

Berücksichtigung sozialer Faktoren: Der Expat sollte die Wirkungen des Gesagten und die Verhaltensweisen emphatisch wahrnehmen und beachten. Zusätzlich wäre für ein harmonisches Gespräch eine Rücksichtnahme auf soziale Faktoren wie Alter, Geschlecht, Status und ähnliche Faktoren hilfreich.

Berücksichtigung allgemeiner Feedbackregeln: Der Vorgesetzte sollte während der Äußerung eines negativen Feedbacks allgemeine Feedbackregeln berücksichtigen. Der Manager sollte am Anfang des Gesprächs mit den positiven Aspekten der geleisteten Arbeit der Person anfangen und dann entsprechend zum aktuellen Punkt kommen. Wichtig ist auch, dass der Vorgesetzte ein zeitnahes Feedback bzw. Kritik äußert. Je mehr Zeit vergeht, desto mehr besteht die Gefahr, dass weder der Vorgesetzte noch der Mitarbeiter sich präzise an das Geschehen erinnern können (Stöwe & Keromosemito, 2004). Des Weiteren sollte der Vorgesetzte während einer kritischen Äußerung versuchen, möglichst objektive Indikatoren und spezifische Situationen oder Verhaltensmuster zu betonen, sodass der Mitarbeiter die Kritik allgemein weniger persönlich wahrnimmt.

Berücksichtigung der vorgeschlagenen Maßnahmen zu Situation 9: Die bei Situation 9 vorgestellten Maßnahmen könnten auch für diesen Problemaspekt relevant sein, da die kulturellen Hintergründe der beiden Situationen sehr ähnlich sind. Um Wiederholungen zu vermeiden, werden weitere Maßnahmen, die in Situation 9 vorgestellt werden, hier nicht weiter betont. Es wäre allerdings empfehlenswert, auch diese zu berücksichtigen.

7.2.2 Ohne gute Beziehungen ist es schwieriger, in der Türkei voranzukommen

7.2.2.1 Ergebnis

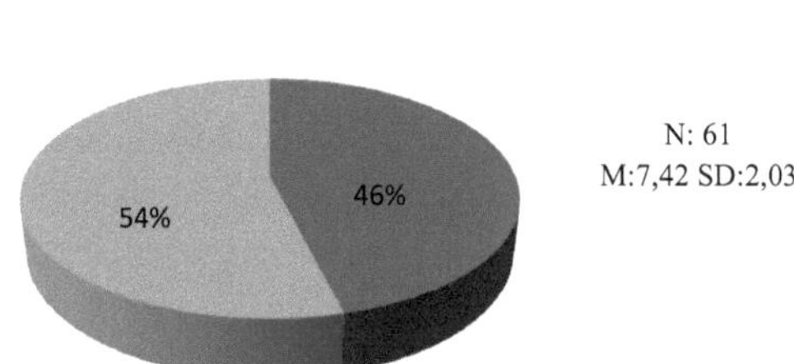

Abbildung 12: Ergebnisdarstellung von der Situation: Ohne gute Beziehungen ist es schwieriger, in der Türkei voranzukommen

Die Manager (N: 61) in der Türkei betrachteten mit 46 % die Situation im kritischen (häufig bis sehr häufig und problematischen bis sehr problematischen) Problemfeld. Dagegen bewerteten die deutschen Manager (N: 30) dieselbe Situation mit 30 % als kritisch. Vom Ausmaß der Situation her gibt es keinen signifikanten Unterschied zwischen der Türkei und Deutschland. Demnach lässt sich daraus keine spezifische Maßnahme ableiten. In beiden Kulturen ist das sogenannte „Vitamin B“ im Berufsleben wichtig, und es ist problematisch für die Personen, denen es an diesen Beziehungen mangelt.

7.2.2.2 Hintergrund

In vielen Ländern fördern gute Beziehungen die Zielerreichung. Die Tendenz der Ausprägung und die Art und Weise, wie man gute Beziehungen aufbaut, variiert je nach kulturellen Dimensionen. Im Umgang mit türkischen Interaktionspartnern steht immer die Beziehung und das Zwischenmenschliche im Vordergrund – die Sache hingegen spielt eher eine untergeordnete Rolle, was wiederum der Sachorientierung der deutschen Gesellschaft entgegensteht. Türkische Interaktionspartner reden über sowohl berufliche als auch private Themen sehr gern. Sie genießen es, Neuigkeiten auszutauschen, über private Themen zu sprechen und sich gegenseitig zu öffnen (Appl, Koytek, Schmid, 2007).

Ein Expat äußert seine Beobachtung zum Thema Beziehungsaufbau im Businesskontext:

Gehört zu den Spielregeln: Gibst du mir, geb ich dir Mentalität.

Einige Zitate von deutschen Managern in Deutschland:

Empfehlungen spielen auch in Deutschland eine große Rolle. Sogar in großen Unternehmen ist das der Fall.

Viele Manager sind sich einig, dass nicht nur Beziehungen helfen, sondern dass es eine Kombination von Beziehungen und Qualifikationen geben muss, damit man im Berufsleben vorankommen kann. Hier ein Kommentar dazu von einem Manager aus einem Pharmaunternehmen:

Das Kunden-Lieferanten-Verhältnis ist eine Beziehung zwischenmenschlicher Ebene was auch Vertrauen bringt. Man braucht eine gewisse Art von Beziehung und Vertrauen. Anschließend zählen noch Leistungen und Qualifikationen.

Ein Vorgesetzter aus einem Chemiekonzern in Deutschland ergänzt, dass neben guten Beziehungen noch Qualifikationen eine große Rolle spielen:

Das war mal so, zunehmend ist es weniger der Fall: Führungsstil im Unternehmen wird amerikanischer. Relationshipmanagement reicht heute nicht mehr aus. Heute muss man einen guten Background haben und Kontakte. Beides braucht man.

7.2.2.3 **Lösungsvorschläge**

Knüpfen von Kontakten: In der Türkei gibt es viele Möglichkeiten, mit anderen deutschen Expatriates in Kontakt zu treten und in bestimmten Vereinen Mitglied zu werden. Empfehlenswert ist es, die Veranstaltungen der Expat Community (www.internations.org) in Istanbul zu verfolgen. Anschließend gibt es auch bestimmte Veranstaltungen in der Deutsch- Türkischen Industrie- und Handelskammer (www.dtr-ihk.de/de/home/). Der Austausch mit anderen Auslandsentsandten kann den Managern dabei helfen, Erfahrungen zu reflektieren und das Verhalten fremdkultureller Kollegen oder Mitarbeiter zu verstehen. Eine weitere Brückenfunktion für deutsch-türkische Beziehungen in der Türkei stellt das Goethe-Institut dar (www.goethe.de/ins/tr/ist/deindex.htm).

Beziehungen zu den Behörden: Eine große Herausforderung für die deutschen Manager in der Türkei sind die Beziehungen mit den Behörden. Viele Vorgesetzte haben angegeben, dass sie Schwierigkeiten mit den Behörden erlebt haben und weiterhin erleben. Dazu ein Zitat von einem Abteilungsleiter aus der Bildungsbranche:

Mit den Behörden braucht man auch gute Kontakte. Am ersten Tag bin ich mit einer Packung Schokolade zu den Polizisten und Behörden gegangen und habe noch Smalltalk mit denen geführt.

Beziehungen spielen eine wichtige Rolle in den Behörden und in den organisatorischen Lebensbereichen. Kennt man zum Beispiel eine einflussreiche Person in einer Behörde, gestalten sich die Verwaltungsabläufe viel schneller und unkomplizierter, als wenn man es allein versucht zu organisieren (ohne interne Kontakte). Auch bei einem Regelverstoß im Verkehr lässt sich die Strafe allein durch den eigenen beruflichen Status oder auch entsprechende Verhaltensweisen minimieren oder gar umgehen (Appl, Koytek, Schmid, 2007). Die Anerkennung der Macht von staatlichen Angestellten und ein geschicktes Handeln können in manchen Fällen zu einer Strafminimierung führen. Ein Minister oder ein Parlamentsangehöriger braucht sich zum Beispiel vor einer Strafe nicht zu fürchten, da er in der Hierarchie viel höher positioniert ist als ein Polizist. Ein Expat vergleicht Deutschland und die Türkei aus einem anderen Blickwinkel:

In Deutschland ist alles leicht zu organisieren, was möglich ist. In der Türkei ist alles schwer zu erledigen, aber nichts ist unmöglich! Es gibt nie nie in der Türkei, alles ist realisierbar!

Dazu aufbauend kommt noch ein weiteres Zitat von einem anderen Vorgesetzten:

Kann man den entsprechenden Einfluss geltend machen, wird einem jeder Wunsch ermöglicht, auch wenn damit gegen alle geltenden gesetzlichen Regeln verstoßen wird.

Umgang mit den Behörden: Im Umgang mit den Behörden empfiehlt es sich, viel Geduld und Zeit zu investieren und selbstsicher und freundlich aufzutreten. Es herrschen im großen Maße ein eigenes Regelleben und Mangel an Professionalität, indem die Vorschriften teils nach persönlichem Gutdünken ausgelegt werden. Ein gewisses Maß an Offensivität, um ernst genommen zu werden, könnte nicht schaden.

7.2.3 Probleme/Schwierigkeiten/Fehler werden bei der Arbeit nicht offen zugegeben

7.2.3.1 Ergebnis

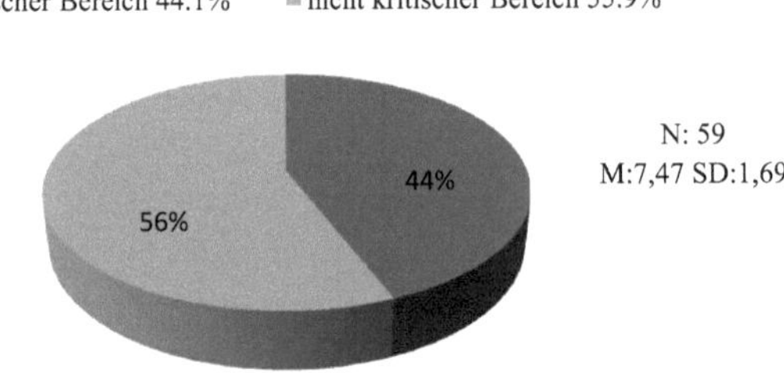

Abbildung 13: Ergebnisdarstellung von der Situation: Probleme/ Schwierigkeiten/Fehler werden bei der Arbeit nicht offen zugegeben

44 % von den 59 befragten Personen haben die Situation als kritisch (häufig bis sehr häufig und problematisch bis sehr problematisch) betrachtet.

7.2.3.2 Hintergrund

Türkische Mitarbeiter geben sehr ungern zu, wenn sie Schwierigkeiten bei einer Aufgabe haben oder einen Fehler gemacht haben. In Deutschland tendieren die Mitarbeiter dazu, ihre Fehler oder Schwachstellen nicht offen zuzugeben, da es auch für sie eine Bloßstellung ihrer eigenen Person bedeutet. Das hängt auch mit der wirtschaftlichen Lage zusammen. Immer stärker haben Angestellte Angst vor einem Arbeitsplatzverlust. Die Arbeitsplätze werden nicht mehr so stark wie früher als sicher wahrgenommen (Heidenreich, 2007). Die Konkurrenz untereinander ist hoch, und der Leistungsdruck vermehrt sich mit der Zeit. Dies führt auch dazu, dass die Mitarbeiter sich von ihrer guten Seite zeigen und Schwachstellen nicht preisgeben möchten.

In der Türkei herrscht im Gegensatz zu Deutschland ein erhöhtes Harmoniestreben. Dadurch besteht die Tendenz, Konflikte zu vermeiden, indem die Mitarbeiter einfach nicht zugeben, etwas nicht zu wissen oder zu können. Zum einen ist damit der Gesichtsverlust verbunden, und zum anderen müssen die gruppenbezogenen Beziehungen gesichert werden (Appl, Koytek, Schmid, 2007). Ein Mitarbeiter, dem sein Vorgesetzter erklärt, wie eine Fertigungsmaschine funktioniert und der anschließend gefragt wird, ob er mit der Bedienung zurechtkommt, wird vermutlich mit Ja antworten, selbst, wenn er es nicht verstanden hat, weil er einerseits die Furcht hat, inkompetent dazustehen und andererseits unhöflich und respektlos zu wirken. Ein Nein könnte schon eine Unterstellung implizieren, dass die Erklärung des Vorgesetzten nicht eindeutig genug oder nicht ausreichend war (Appl, Koytek, Schmid, 2007).

Ein Expat sieht dieses Verhaltensmuster der türkischen Mitarbeiter als ein Problem, das bereits in der Erziehung verankert worden sein könnte.

Es ist ein Erziehungsproblem. Man lernt nie, Fehler machen zu dürfen. Fehler werden deswegen nicht eingestanden.

Anschließend ergänzt ein Manager dazu seine eigenen Erfahrungen:

Fehler werden verschwiegen und versucht, auf anderen Wegen zu lösen. Deutsche machen es von Anfang an klar, dass es nicht geht oder sagen was sie brauchen.

7.2.3.3 **Lösungsvorschläge**

Verwendung indirekter Fragestellungen: Für Vorgesetzte ist es deshalb wichtig, die Angestellten in möglichst beiläufiger indirekter Form zu fragen, ob es vielleicht Probleme oder Schwierigkeiten bei der Erledigung eines Auftrags gäbe, sodass es dem Mitarbeiter leicht fällt, zuzugeben, dass es eventuell Schwierigkeiten gibt. Außerdem empfiehlt es sich, auf die Zwischentöne zu achten, zum Beispiel auf die Art, wie etwas mit welcher Mimik geäußert wird.

Implementierung einer anonymen Checkliste: Empfehlenswert ist hier, eine anonyme Checkliste zu verteilen, wo die Mitarbeiter ihre Probleme, Schwierigkeiten etc. offen darlegen können, ohne Bedenken zu haben, sich selber bloßzustellen oder den Vorgesetzten etwas zu unterstellen. Der Vorgesetzte könnte anschließend sehen, wo es Klärungsbedarf gibt und auf die Ergebnisse entsprechend reagieren.

Beratungshotline für eventuelle Schwierigkeiten: Eine Beratungshotline für eventuelle Schwierigkeiten im Fachgebiet könnte für die Mitarbeiter auch hilfreich und zudem zugänglicher als eine persönliche Kontaktaufnahme sein.

Organisation eines Wettbewerbs: Der Vorgesetzte könnte die Mitarbeiter dazu motivieren, offener mit den Schwachstellen umzugehen. Bei den Mitarbeitern sollten die Vorgesetzten die Einstellung fördern, dass die Äußerung von Schwachstellen oder Schwierigkeiten schneller zur

Produktivität führt als Schweigen. Dies könnten die Manager mit einem Wettbewerb fördern, indem es das Ziel des Spiels ist, so viel Schwierigkeiten sowie Fehler wie nur möglich darzustellen. Ende der Woche oder des Monats könnten dann die Punkte aufgezählt werden, und der Mitarbeiter, der am meisten Schwachstellen reflektiert hat, wird als Sieger bezeichnet. Die Mitarbeiter könnten dann immateriell belohnt werden, indem sie z. B. zum Mitarbeiter der Woche ausgewählt werden oder auch mit materiellen Belohnungen motiviert werden. Ein deutscher Manager in Deutschland hat während des Gesprächs ein Beispiel einer ähnlichen Methode von Bill Gates mitgeteilt:

Fehler werden sogar bewusst versteckt. Man muss schlechte Nachrichten bekommen können. Je schneller du den Fehler vermittelst, desto besser als Manager bist du. Diese Einstellung sollte man vermitteln. Beispiel von Bill Gates: Er hatte einen Wettbewerb organisiert: Derjenige, der am meisten die Schwachstellen der Arbeit präsentiert, sollte am Ende einen Preis erhalten. Je höher die Hierarchie, desto bessere Nachrichten kriegen sie.

Die Aussage zeigt auch, dass der Vorgesetzte eine große Rolle bei der offenen Kommunikation innerhalb des Unternehmens spielt. Mit seiner Art und Weise sollte der Vorgesetzte klar zeigen, dass er offene, auch negative Äußerungen von den Mitarbeitern wertschätzt. Die Mitarbeiter sollten einen Zugang zu den Vorgesetzten finden.

7.2.4 Zahlungen von Kunden verzögern sich ständig

7.2.4.1 Ergebnis

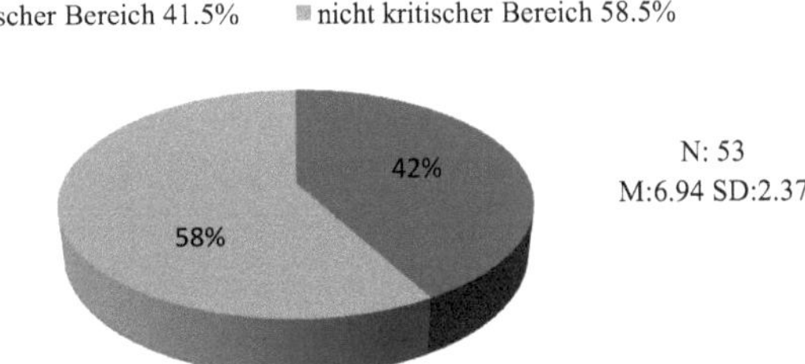

Abbildung 14: Ergebnisdarstellung von der Situation: Zahlungen von Kunden verzögern sich ständig

42 % von den 53 befragten Personen haben die Situation als kritisch (häufig bis sehr häufig und problematisch bis sehr problematisch) betrachtet.

7.2.4.2 Hintergrund

In Deutschland hat Zeitmanagement im Hinblick auf Pünktlichkeit einen hohen Stellenwert und gilt als Voraussetzung für effektives Handeln. In der türkischen Gesellschaft wird dahingegen dem Konstrukt Pünktlichkeit eher eine geringere Bedeutung beigemessen, und Terminvereinbarungen oder Deadlines werden häufig als eine grobe Richtschnur betrachtet (Appl, Koytek, Schmid, 2007).

Des Weiteren ist in der Türkei eine Kreditkartenkultur vorhanden, bei der es möglich ist, jede Kleinigkeit auf Raten zu kaufen, sodass der Betrag jeden Monat verteilt wird, was die für die deutsche Gesellschaft ganz fremd ist. Vermutlich hat auch diese Kreditkartenkultur Einfluss auf die Zahlungsmoral der türkischen Bevölkerung.

Ein Expat verstärkt diese Vermutung auch mit seiner Aussage:

Die Vorauszahlungen der Ratenkultur führen dazu, dass die Leute häufig auf Pump leben. Wenn sie was kaufen wollen, dann kaufen sie es einfach. Der Umgang mit dem Geld ist anders als in Deutschland.

7.2.4.3 **Lösungsvorschläge**

Frühere Deadlines geben als erzielt: Empfehlenswert ist, dass man frühere Deadlines für die Zahlungen setzt als geplant. Dadurch wird die ökonomische Beeinträchtigung durch den Zeitpuffer minimal gehalten. Während der Gespräche sollte der Expat den Geschäftspartner höflich auf diese Termine aufmerksam machen, damit der Partner merkt, dass man auf diesen Punkt besonderen Wert legt.

Leistungserbringung erst nach Vorauszahlung: Das Prinzip der Vorkasse, bei dem die Bezahlung des Kaufpreises gefordert wird, bevor die vertragliche Warenlieferung beginnt, ist hier empfehlenswert. Zum Beispiel haben die Manager der Fluggesellschaften ein solches Problem gar nicht angegeben, weil das Produkt – in diesem Fall das Flugticket – gekauft und erst nach der Zahlung konsumiert wird.

Implementierung von 50%-vorher-50%-nachher-Zahlungssystemen: Darüber hinaus wäre es auch empfehlenswert, Zahlungssysteme zu implementieren, die eine Zahlung von 50 % des Kaufpreises vor und 50 % nach der Warenübernahme beinhalten. Dadurch wird die Hälfte des Betrags gesichert, und die Vertragspartner haben bessere gegenseitige Kontrolle.

Darauf aufbauend hat auch ein deutscher Hotelmanager in Deutschland seine Meinung geäußert:

Barzahlungen werden immer weniger. 6–8 Wochen dauert es, bis das Geld überhaupt ankommt. Bei Tagungen muss man bis zu 60 Tage warten. Mittlerweile arbeiten viele so. Maßnahmen wie vorher 50 % und nachher 50 % wären sinnvoll.

Schriftliche Vertragsvereinbarung: Vereinbarungen in Form schriftlicher Verträge im Hinblick auf die Zahlungsregelungen sind auch enorm wichtig. Somit werden die Rechte für beide Seiten gesichert, und bei Störungen können sachliche Konsequenzen gezogen werden. Bei mündlichen Versprechungen besteht die Gefahr, dass dadurch die Beziehungsebene gestört wird. Der Vertrag sollte die eventuellen Konsequenzen, wie z. B. Zinsen bei entsprechenden Zahlungsverzögerungen, auflisten.

Schrittweise Abmahnungen: Sollte es doch noch zu Verspätungen kommen, ist es empfehlenswert, schrittweise Mahnungen zu schicken, sodass die Kunden darauf aufmerksam gemacht werden.

Ziehen von zukünftigen Konsequenzen: Bei Verzögerungen sollte das Unternehmen Konsequenzen wie z. B. die Kündigung des Arbeitsvertrags bei der Zusammenarbeit in Erwägung ziehen, die schon vorher eventuell bekannt gegeben worden sind.

Anwendung einer Bankenintermediation: Empfehlenswert wäre auch, mit Bankensystem zu arbeiten. Die Zahlungen werden mit der Bank, die zwischen Kunden und Unternehmen steht, geregelt. Bei Verzögerungen gibt die Bank einen Kredit und regelt es mit dem Unternehmen, das die Auszahlung verzögert hat. Bei eventuellen Problemen ist die Bank dafür zuständig, diese zu lösen. Dadurch werden die beiden Parteien bzw. Unternehmen in der Beziehungsebene nicht betroffen und können weiterhin ohne persönliche Konflikte zusammenarbeiten.

7.2.5 Ständig muss man immer wieder die Mitarbeiter kontrollieren, damit vorgegebene Ziele und Aufgaben überhaupt eingehalten werden

7.2.5.1 Ergebnis

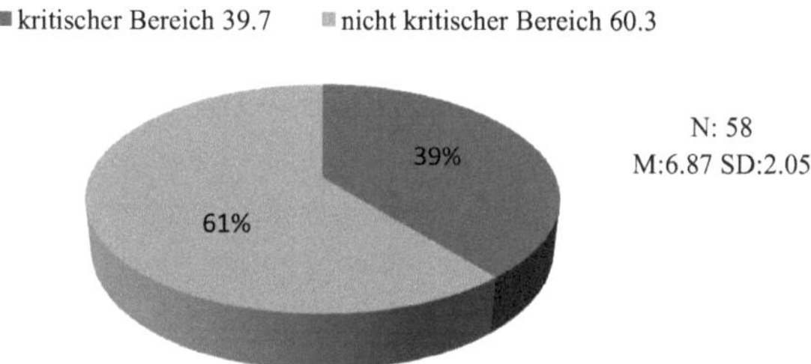

Abbildung 15: Ergebnisdarstellung von der Situation: Ständig muss man immer wieder die Mitarbeiter kontrollieren, damit vorgegebene Ziele und Aufgaben überhaupt eingehalten werden

39 % von den 58 befragten Personen haben die Situation als kritisch (häufig bis sehr häufig und problematisch bis sehr problematisch) betrachtet.

7.2.5.2 Hintergrund

Nach Malekzadeh und Nahavandi (1998) gelten Führungsstile als stark von der nationalen Kultur geprägt. Die Kultur determiniert das individuelle Verhalten und hat Einfluss auf die Art und Weise, wie Vorgesetzte Geschäfte angehen und strukturierend in ihre Organisation hineinwirken (Malekzadeh u. Nahavandi, 1998, S. 114 ff.)

Nach Rothlauf (2009) gibt es in Deutschland eine niedrige Machtdistanz, und es herrscht ein **paternalistischer Führungsstil**. Die dezentralisierte Struktur der Organisationen führt zu einem geringen Anteil an Überwachung, und die Mitarbeiter werden meist in die Entscheidungsprozesse mit einbezogen. In der Türkei dagegen dominiert ein **autokratischer Führungsstil.** Besonders bei kleineren Unternehmen oder in Familienunternehmen stellt der Chef eine Art Vaterrolle dar, dem man bedingungslos zu gehorchen hat. Türkische Mitarbeiter sind oft gewohnt, Anweisungen und

Befehle von oben zu erhalten, die sie auszuführen haben. Aus diesem Grund haben die türkischen Mitarbeiter eine Tendenz, eher extern gesteuert zu werden. Aufgrund des großen Respekts vor der Führungsperson würden die Untergegebenen auch nicht auf die Idee kommen, ihre Meinung ungefragt zu äußern oder dem Chef während eines Meetings zu widersprechen (Appl et al., 2007 & Rothlauf, 2009). Durch den autokratischen Führungsstil scheuen sich die meisten türkischen Mitarbeiter, Eigeninitiative oder Verantwortung zu übernehmen, und sie gehorchen eher den Vorgesetzten. Es entsteht eine gegenseitige Beziehung, in der Unterwürfigkeit mit patriarchalischer Fürsorge belohnt wird (Appl, Koytek, Schmid, 2007). Das türkische Schulsystem hat auch einen Effekt auf dieses Verhaltensmuster. Das eigenständige Denken wird durch Auswendiglernen und unterwürfige Gehorsamkeit gegenüber den Lehrern in großem Maße vermindert. Während des Gesprächs äußert ein Manager aus der Bildungsbranche zu diesem Thema seine Meinung:

Die Türkei ist ein militärisch geprägtes Land. Das ist ein triftiger Grund. Auswendig lernen, nachplappern.. Es wird getan, was gesagt wird, und niemand möchte ins Fettnäpfchen treten.

Neben dem Führungsstil zeigt die deutsche Bevölkerung im Gegensatz zu den südländischen Kulturen eine regelorientierte, internalisierte Kontrolle. In Deutschland wird die Einhaltung von Normen und Regeln als selbstverständlich gesehen und nicht hinterfragt. Regeln und Strukturen gelten als hilfreich. Dahinter steckt das Bedürfnis nach einer klaren und zuverlässigen Orientierung für alle Beteiligten, wodurch Risiko und Fehlerquellen minimiert werden. Es gibt klare, universelle Richtlinien, die für alle Menschen gelten und angewendet werden, ohne Rücksicht auf Beziehungen oder bestimmte Situationen zu nehmen (Schroll & Machl 2007). Verlässlichkeit wird nicht nur dadurch erreicht, dass es Instanzen gibt, die von außen kontrollieren, sondern viele Menschen tun an ihrem Platz von sich aus das, was von ihnen erwartet wird, was als internalisierte Kontrolle bezeichnet werden kann. Dies ist durch den Führungsstil der deutschen Kultur und der Wertschätzung der Regelorientierung bei den deutschen Mitarbeitern höher ausgeprägt. In der türkischen Kultur hingegen ist die Beachtung und Einhaltung der Hierarchie wichtig. Gehorsamkeit gegenüber Autoritäten ist ein Teil der türkischen Kultur. Der durchschnittliche türkische Mitarbeiter hat die Tendenz, seinem Leiter zu folgen. Die Mitarbeiter müssen die Autorität ihres Vorgesetzten immer und deutlich spüren können (Inanc, 2006). Dies unterstützend teilt ein Vorgesetzter seine Beobachtungen mit:

Jeden Punkt, jedes Komma muss man sagen. Die warten nur auf Anweisungen. Es gibt keine Selbstständigkeit und Eigenverantwortung."

Die Hierarchieorientierung ist auch ein Teil der familiären Entwicklung. Der Vater hat einen hohen Stellenwert, und die Familienangehörigen haben ihm zu folgen. Diese Ausprägung wird in der Arbeit meist in den Familienunternehmen auch übertragen, und der Chef wird als ein Vater gesehen, dem man gehorchen muss; man macht das, was er sagt. Ein Zitat dazu:

Immer muss man nachhaken, nachfragen. Inzwischen gewöhnt man sich dran. Erwartungen wird angepasst mit der Zeit"

Viele Manager sehen diese Situation im Gegensatz zu den anderen Expats nicht problematisch und geben an, dass es die Hauptfunktion des Managers ist, Mitarbeiter zu kontrollieren und die Richtung vorzugeben:

Als Manager haben wir eine Kontrollpflicht. Es ist unser Job, wofür sind wir sonst Manager. Wir haben eine Kontroll- und Aufsichtspflicht. Manche sind nachlässiger. Einmal muss man Anweisungen schriftlich regeln und für alle fixieren. Es wird auch kontinuierlich geprüft. Revisionen werden bei uns sehr ernst genommen. Je mehr man zu tun hat, desto nachlässiger werden die Mitarbeiter, worauf ich sensibilisiert sein muss.

7.2.5.3 **Lösungsvorschläge**

Nutzen von Checklisten: Empfehlenswert ist es, eine Checkliste für die Mitarbeiter vorzubereiten, mit der sie sich selbst bei jedem Schritt kontrollieren können. Die Checklisten könnten jede Woche kontrolliert werden und in Meetings bei Abweichungen thematisiert werden, sodass der Vorgesetzte nicht ständig die Mitarbeiter kontrollieren muss. Dies stellt einen kontinuierlichen Kontrollmechanismus dar, und die Selbstkontrolle der Mitarbeiter wird dadurch auch gefördert.

Allgemein sollte der Vorgesetzte sich für die Mitarbeiter interessieren und kontinuierliches Feedback zu erledigten Aufgaben geben. Dazu ein Zitat von einem Manager:

Man sollte häufig reinschauen. Man erwartet, dass der Chef sich interessiert. In Deutschland laufen die Prozesse viel freier, 55 % hier, in der Türkei 35 %.

Förderung der Eigeninitiative durch Freiraumschaffung: Der Vorgesetzte sollte Freiraum für Eigeninitiative schaffen, sodass die Mitarbeiter zum Mitdenken und zum Eigengestalten bewegt werden. Anstatt detaillierte Anweisungen zu geben, könnte der Vorgesetzte einen Teil der Punkte offenhalten, sodass der Mitarbeiter auch zum eigenständigen Denken gezwungen wird.

Förderung der Eigeninitiative durch flache Hierarchien: Setzung von flacheren Hierarchien wie Teamarbeit könnte gefördert werden. Dadurch fühlen sich die Mitarbeiter der Gruppe verantwortlich und haben mehr Raum für Kreativität. Durch die flachen Hierarchien würden sie auch weniger Leistungsdruck und Machtdistanz gegenüber den Vorgesetzten spüren. Indem sie Lösungen innerhalb der Gruppe finden müssen, werden sie auch stärker zu eigenverantwortlichem Handeln herausgefordert.

7.2.6 Es wird jemand befördert, der gute Beziehungen hat, obwohl es andere gibt, die bessere Leistungen zeigen oder gezeigt haben

7.2.6.1 Ergebnis

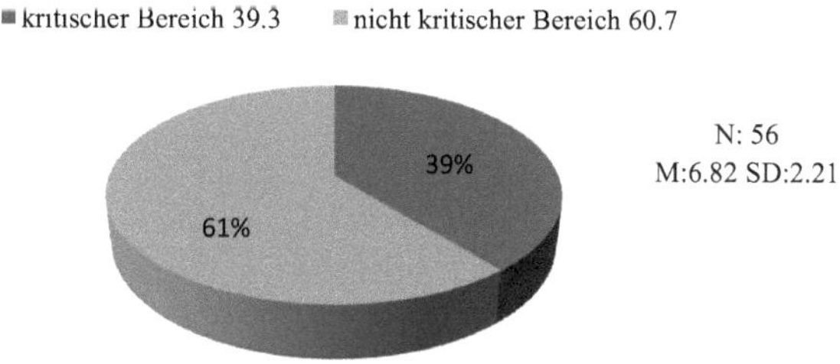

Abbildung 16: Ergebnisdarstellung von der Situation: Es wird jemand befördert, der gute Beziehungen hat, obwohl es andere gibt, die bessere Leistungen eigen oder gezeigt haben

39 % der 56 befragten Personen haben die Situation als kritisch (häufig bis sehr häufig und problematisch bis sehr problematisch) betrachtet.

7.2.6.2 Hintergrund

Zwischenmenschliche Beziehungen und Harmonie spielen im türkischen Berufsleben meist eine größere Rolle als Aufgaben und Leistungen (zitiert von Rothlauf, 2009 nach Weidmann, 1995). Für die türkischen Arbeitskollegen ist es viel angenehmer, mit einem Freund oder Bekannten Geschäfte zu machen als mit einem Fremden. Dabei wird auch erhofft, dass der Bekannte nicht so hart verhandelt und auch mehr Verständnis hat, wenn es beim Ausführen eines Auftrags zu Verzögerungen oder Fehlern kommt (Appl, Koytek, Schmidt, 2007). Des Weiteren ist ein Geschäftsabschluss ohne gegenseitiges persönliches Kennenlernen undenkbar. Der Schwerpunkt liegt in dem Moment auf der Beziehungsebene, wohingegen der Deutsche hier eher auf der Informationsebene agieren würde. Durch gute Beziehungen wird auch geschlossen, dass die Person neben den beruflichen Qualifikationen auch menschlich als Person für die Arbeit geeignet ist. Dies bringt auch wieder das Harmoniestreben der türkischen Kultur zum Ausdruck.

In größeren Unternehmen entsprechen die Bewerbungsprozesse europäischen Verfahren. In den Familienunternehmen hingegen rückt die kollektivistische Kultur, das heißt das „Wir"-Gefühl in den Vordergrund. So ist es sinnvoll, die männlichen Familienangehörigen in die Firma zu integrieren, sodass die Machtverteilung nicht außerhalb der Familie verbreitet wird. Diese werden um den Ruf der Familie besorgt sein und alles dafür tun, mögliches Fehlverhalten von Familienmitgliedern zu korrigieren (Hofstede, 2009).

7.2.6.3 **Lösungsvorschläge**

Wertschätzung von Beziehungsaufbau: In der Türkei sollten die Vorgesetzten auf gute Beziehungen Wert legen und eine persönliche Ebene und ein soziales Netzwerk aufbauen, welches in vielen Lebensbereichen weiterhilft. Die Expats sollten sich vorher mental auf eventuelle Unterschiede vorbereiten. Sie sollten auf alle Fälle Bereitschaft für jegliche Kontaktaufnahmen zeigen und offen für Neuigkeiten sein.

Für diese Situation sind auch die Lösungsvorschläge für die Situation Nr. 2 (S. 47) relevant.

7.2.7 Türkische Mitarbeiter äußern keine direkte Kritik

7.2.7.1 **Ergebnis**

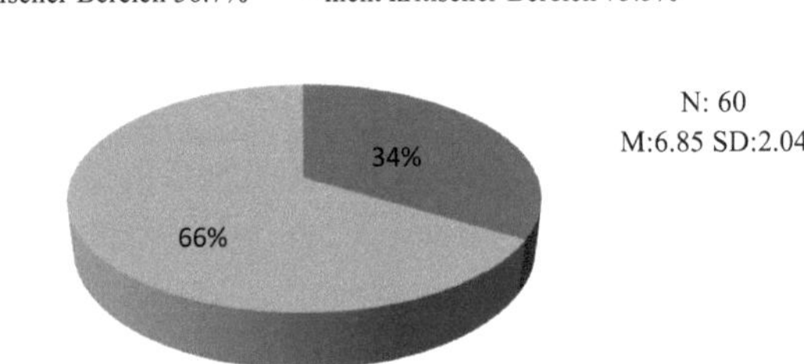

Abbildung 17: Ergebnisdarstellung von der Situation: Türkische Mitarbeiter äußern keine direkte Kritik

37 % der 60 befragten Personen haben die Situation als kritisch (häufig bis sehr häufig und problematisch bis sehr problematisch) betrachtet.

7.2.7.2 **Hintergrund**

Kein türkischer Mitarbeiter äußert gern direkt negative Kritik. Wenn man selbst ein paar kritische Worte oder auch Andeutungen hört, sollte man es als Vorgesetzter ernst nehmen, da diese Worte einen hohen Aussagewert besitzen. Je stärker die Hierarchie, desto geringer ist die Wahrscheinlichkeit, direkte oder auch Äußerung von Gegenargumenten seitens der türkischen Mitarbeiter zu hören. Umso wichtiger werden bereits leise kritische Töne, die ein Deutscher nicht als Kritik im eigentlichen Sinne auffassen würde (Appl, Koytek, Schmid, 2007).

Aufgrund des großen Respekts vor der Führungsperson ist die Tendenz der Unterstellten, die eigene Meinung ungefragt zu äußern oder dem Chef zu widersprechen, sehr niedrig ausgeprägt. Ein Grund dafür ist die im hohen Maße vorhandene Hierarchieorientierung und die dadurch entstehende Machtdistanz. Hofstede beschreibt Machtdistanz als das „Ausmaß, bis zu welchem die weniger Mächtigen (die Mitarbeiter) von Institutionen erwarten und akzeptieren, das Macht ungleich verteilt ist" (Hofstede, 2003, S. 42). Ein Manager äußert dazu seine Beobachtung:

Es hängt auch mit dem Führungsstil zusammen. Wir sind ein mitarbeiterorientiertes Unternehmen. Es gibt keine Hierarchieorientierung. Ich habe es abgelehnt, aber Respekt ist vorhanden.

Die Auswirkungen dieser kulturellen Ausprägung der türkischen Mitarbeiter befinden sich somit überall, wo hierarchische Beziehungen vorliegen (Hofstede, 2003). Ergänzend spielt die indirekte Kommunikationsart der türkischen Gesellschaft in diesem Verhaltensmuster auch eine Rolle.

7.2.7.3 **Lösungsvorschläge**

Durchführung eines Feedbacktrainings: Der Manager sollte den Mitarbeitern klarmachen, dass Kritik ein Schritt zur Weiterentwicklung ist und keine Respektlosigkeit oder Bloßstellung gegenüber ihm selbst darstellt. Die Bedeutung der Kritik wird unterschiedlich wahrgenommen. Die türkischen Mitarbeiter trauen sich eher weniger, den Manager zu kritisieren. Ein Manager bringt dazu einen Kommentar an:

Äußern von Kritik ist gewohnheitsbedürftig. Dies hat man in Deutschland nicht. Es gibt eine ganz andere Hierarchievorstellung und Staffelung. Hier herrscht Respekt vor den Chef.

Eine Feedbackkultur zu schaffen, ist kein einfacher Prozess, aber von Exkursen wie einem Feedbacktraining könnten sowohl die Manager als auch die Mitarbeiter profitieren. Durch den Exkurs könnte die Bedeutung von Kritik verändert werden, sodass sich die Mitarbeiter trauen können, offener und direkter auch negative Themen anzusprechen.

Verteilung von Feedbackformen: Demzufolge könnte der Vorgesetzte Feedbackformen ohne Namensangaben verteilen, in denen Mitarbeiter ihre Anliegen offen darlegen können, sodass der Vorgesetzte einen Überblick über deren Meinungen und Probleme hat und bei Bedarf die Inhalte kommuniziert und Lösungen findet.

Bereitstellung eines Wunsch- und Beschwerdekastens: Empfehlenswert wäre auch, dass ein Wunsch- und Beschwerdekasten für die Mitarbeiter bereitgestellt wird. Dadurch fühlen sich die Mitarbeiter auf der einen Seite wertgeschätzt, und auf der anderen Seite haben sie jederzeit die Möglichkeit sowohl ihre Beschwerden als auch ihre Wünsche mitzuteilen.

Ein deutscher Unternehmer äußert zum Thema offener Kritik der Mitarbeiter seine Meinung:

Deutsche sind anstößig. Türken sind sensibler, finde ich, auch besser so. Anstatt zu sagen, "Was hast du den für einen Scheiß Stift" kann man auch sagen „Ein schwarzer Stift würde besser zu dir passen und würde seriöser wirken, als einen blauen Stift. Was meinst du dazu?"

Da türkische Mitarbeiter allgemein dazu tendieren, ihre Meinungen ungefragt nicht zu äußern und dem Chef zu widersprechen, könnte es den kreativen Ideenaustausch während eines Meetings blockieren. Einige mitgeteilte Beobachtungen zu diesem Thema von den Managern:

Einer nimmt es als Ansporn, einer sieht es als Gesichtsverlust. Mitarbeiter trauen sich nicht, den Chef zu ergänzen oder von ihm abweichend was zu sagen. In Deutschland sind Leute mehr rebellisch drauf.

Es gibt wenige Mitarbeiter, die an Diskussionen teilnehmen. Es herrscht wenig Äußerungen eigener Meinungen."

Lösungsvorschläge für Brainstorming während des Meetings: Um ein Brainstorming der Mitarbeiter zu fördern, sollte der Expat offene Fragen stellen, anstatt seine eigenen Lösungsvorschläge in den Raum zu werfen und auf eine ehrliche Bewertung der Meinungen zu warten. Den türkischen Mitarbeitern fällt es schwer, gegenüber einer höher gestellten Person offen und ehrlich die eigene Meinungen zu äußern. Um türkische Mitarbeiter zur Teilnahme an einer Diskussion anzuregen, empfiehlt es sich, Brainstorming-Methoden sowie Kreativitätstechniken z. B. mit bestimmten Spielen oder Fantasiereisen anzuwenden. Es wäre empfehlenswert, direkte Provokationen während des Gesprächs zu vermeiden. Das würde die Kreativität und Offenheit des Mitarbeiters beeinträchtigen, da er es gewohnt ist, dem Vorgesetzten nicht zu widersprechen. Wichtig ist, dass die Mitarbeiter sich in einem vertrauten Umfeld fühlen, sodass sie keine Angst mehr vor negativen Konsequenzen haben müssen und ihre Meinungen und Vorschläge offen in den Raum werfen können. Um dieses Vertrauen aufzubauen, kommt wieder dem Beziehungsaufbau mit den Mitarbeitern eine wichtige Rolle zu.

7.2.8 Mann muss oft zwischen den Zeilen lesen können

7.2.8.1 Ergebnis

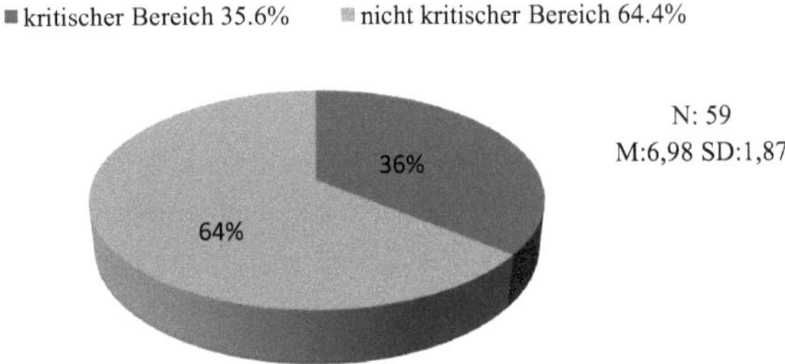

Abbildung 18: Ergebnisdarstellung von der Situation: Mann muss oft zwischen den Zeilen lesen können

36 % von den 60 befragten Personen haben die Situation als kritisch (häufig bis sehr häufig und problematisch bis sehr problematisch) betrachtet.

7.2.8.2 Hintergrund

Deutsche Manager zeichnet eine direkte, sachliche, undiplomatische und ehrliche Kommunikation aus. Auf mögliche Empfindlichkeiten wird nicht sehr viel Rücksicht genommen. Interpretationsspielraum zu lassen, ist tendenziell weniger der Bestandteil dieses Stils. „Sie meinen eher das, was sie sagen und sagen das, was sie meinen" (Schroll & Machl 2007).

Die türkische Gesellschaft hingegen pflegt in der Interaktion mit Mitmenschen einen indirekten Kommunikationsstil, welches auch mit der hohen Kontextorientierung der türkischen Kultur verbunden ist. Die türkische Gesellschaft benutzt oft für spezifische Situationen bestimmte Gesten, Mimiken oder drückt sich durch ihre Körperhaltung aus, anstatt sich verbal zu äußern. Deshalb sollte man sich gut darüber informieren, um eventuelle Missverständnisse zu vermeiden. In dieser Hinsicht fühlen die Türken sich den Italienern oder Griechen näher als den Mitteleuropäern (Appl, Koytek, Schmid, 2007). Konflikte und negative Aussagen werden meist vermieden, was auch zu Missverständnissen führen kann. So ist es möglich, dass Kritik oder auch eine Entschuldigung in einer indirekten nonverbalen Form ausgedrückt wird. Die Antwort „ja" kann je nach Situation relativ unterschiedlich aufgefasst werden. Dies ist abhängig von dem Kontext sowie der entgegenstehenden Kontaktperson. Wird zum Beispiel ein türkischer Mitarbeiter um etwas gebeten, was er schwer erfüllen kann oder gar nicht will, so ist es wahrscheinlich, dass er eine halbherzige Zustimmung geben wird, die von einem Deutschen als ein eindeutiges „Ja" empfunden wird. Dahingegen würde der Mitarbeiter indirekt mit seinem Verhalten signalisieren, dass er der Bitte nicht nachgehen kann. Durch diese indirekte Art ist es den Mitarbeitern möglich, höflich zu bleiben und eventuell einen Gesichtsverlust oder auch einen tatsächlichen Konflikt zu vermeiden.

Ein Zitat von einem Expat schildert die Situation:

Statt „Nein" wird „Gucken wir mal" gesagt.

Allgemeines Volksproblem. Es wird immer wird drum rum erzählt.

Außerdem ist der *Blickkontakt* bei der türkischen Bevölkerung häufiger und länger als in Deutschland ausgeprägt. Wenn es aber um eine Respektsperson geht, wird der Blickkontakt eher vermieden, weil dies als eine Grenzenüberschreitung oder auch als Respektlosigkeit empfunden wird. Der Handschlag zwischen Freunden und guten Bekannten ist zum Beispiel nicht so häufig wie in Deutschland, sondern üblich sind eher Küsse auf die beiden Wangen. Dies gilt auch zwischen den Geschlechtern – es sei denn, man befindet sich in einer sehr konservativen bzw. religiösen Umgebung (Inanc, 2006).

7.2.8.3 **Lösungsvorschläge**

Nachfragen bei Unklarheiten: Empfehlenswert ist es, in wichtigen Meetings, Verhandlungen oder auch Besprechungen bei Unklarheiten immer nachzufragen, um Missverständnisse zu minimieren. Die Vorgesetzten sollten unklare Themen offen ansprechen, um Klarheit zu schaffen, und das entsprechend dokumentieren, um die Sicherheit des Gesagten zu bewahren.

In diesem Punkt schildert ein Expat seine Erfahrungen und seinen Umgangsstil zu diesem Thema:

Das Gefühl muss man dafür haben und es sofort thematisieren, damit man schnell identifizieren kann, wohin der Zug fährt. Ich frage schnell nach, wenn es mir nicht klar wird. Leuten fällt es schwer, sich festzunageln. Türken tendieren dazu, sich im Statement eher in der Mitte zu platzieren, um nicht auf einen Punkt festgenagelt zu werden. Die Aufgabe des Managers ist es dann, den Nagel festzulegen. Für neue Personen muss man das erst verstehen. Feinheiten lernt man im ersten Jahr ungefähr. Man muss schon hinterfragen. Ich nenne das „Alaturka Elemente". Erst muss man es verstehen und dann akzeptieren, weil man es nicht ändern kann. Manche Sachen sind verankert und das kann man nicht ändern. Manager müssen damit umgehen können und nicht versuchen, die Mitarbeiter „deutsch" zu machen. Man wird offener, wenn man im Ausland schon gelebt hat. Man nimmt es emotional nicht mehr intensiv wahr und wird distanzierter.

Ein Ausmaß von Empathievermögen wäre auch erforderlich, um die gegenüberstehende Person besser zu verstehen und um die entsprechenden Verhaltensmuster einzuordnen. Die Argumentation eines Expats lautet dazu:

Mit Menschenkenntnis und Kenntnis der Kultur wird es weniger problematisch.

Fokus auf die nonverbalen Signale: Der Expat sollte sich bewusst werden, dass die nonverbale Kommunikation sehr wichtig ist und sich auf die entsprechende Signale konzentrieren, damit er die eventuellen Signale von den Gegenüberstehenden nicht verpasst.

Beherrschung der Sprache: Die Muttersprache des Gastlandes nicht zu beherrschen und zu verstehen, erschwert auch das Verstehen des Gesagten oder auch das des Nichtgesagten. Die Ergebnisse zeigen, dass nur 30 % der befragten Manager die türkische Sprache beherrschen. Die sprachlichen Barrieren führen auch zu Missverständnissen. Nicht alle Bedeutungen der Sprache sind übersetzbar. Direkte Übersetzungen fassen oftmals den Kern des Gedanken nicht, da viele Informationen und Nuancen der Wörter verloren gehen. Es wäre empfehlenswert, die Sprache in gewissem Umfang zu beherrschen, sodass die Mitarbeiter und die Arbeitskollegen davon ausgehen können, dass der Expat die Sprache versteht. Ein Expat hatte während des Interviews mitgeteilt, dass er viele Probleme hinter den Kulissen erfährt, weil er die Sprache nicht beherrscht. Ein intensiver Sprachkurs in den ersten Wochen und dann ein begleitender Sprachkurs, der auch auf Verhaltens- und Konfliktsituationen ausgerichtet ist, ist empfehlenswert. Des Weiteren öffnet das Beherrschen der Sprache weitere Türen im zwischenmenschlichen Bereich und beschleunigt die Anpassung und Integration der Kultur. Anschließend fühlt der Expat sich weniger isoliert und bekommt viel mehr mit – sowohl im privaten als auch im beruflichen Leben. Hofstede (2009) sieht die Sprache als ein Transportmittel einer Kultur – ihr Erlernen ist ein wichtiger Schritt zum Verständnis der fremden Kultur und des jeweiligen kulturspezifischen Humors.

Ergänzend eine Aussage von einem Expat:

***Sprache** ist auch ein Problem. Viele Dinge gehen an mir vorbei. Vieles kriegt man nicht mit oder erst später mit. Das ist ein Handicap.*

7.2.9 Nach einer negativen Rückmeldung, sind die Mitarbeiter beleidigt (Man kann nie was auf der Sachebene kommunizieren)

7.2.9.1 Ergebnis

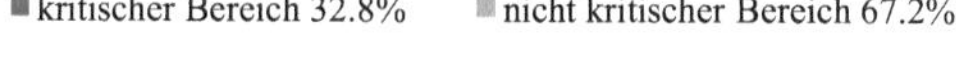

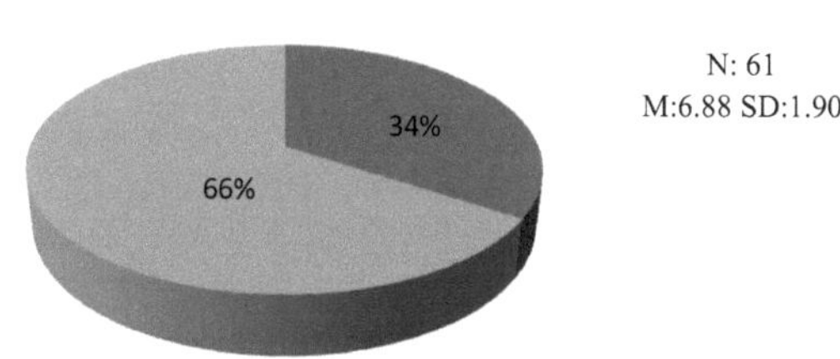

Abbildung 19: Ergebnisdarstellung von der Situation: Nach einer negativen Rückmeldung, sind die Mitarbeiter beleidigt

34 % von den 61 befragten Personen haben die Situation als kritisch (häufig bis sehr häufig und problematisch bis sehr problematisch) betrachtet.

7.2.9.2 Hintergrund

In Deutschland wird in geschäftlichen Besprechungen meistens direkt zur Sache gekommen und auch in der Sache geblieben. Positive Beziehungen im Arbeitskontext haben einen angenehmen Nebeneffekt, doch sind sie nicht primär relevant, so, wie es in der türkischen Kultur der Fall ist (Schroll-Machl, 2007). Hier stehen immer die Person und die Beziehung im Vordergrund, wohingegen die Sache nur eine untergeordnete Rolle spielt. Privates und Berufliches wird nicht strikt getrennt, sodass es zu persönlichen Konflikten kommen kann, wenn im Businesskontext Kritik geäußert wird.

Umgang mit den Emotionen ist auch je nach dem Land unterschiedlich ausgeprägt. Die Deutschen Mitarbeiter kontrollieren ihre Emotionen weitgehend und lassen sich in der Öffentlichkeit nur selten gehen, wohingegen die türkischen Mitbürger sehr emotional sind und dies zeigen, ohne dass es ihnen peinlich ist oder als Schwäche gesehen wird. Der deutsche Vorgesetzte sollte sich deshalb auf die Gefühle der Gesprächspartner konzentrieren. Eine freundliche und herzliche Art öffnet viele Türen. (Inanc, 2006)

Dazu Zitate von den Expats:

Der Deutsche konzentriert sich vollkommen auf seine Arbeit, auf seine Rechte und Pflichten. Der Türke ist emotional. Er kann seine Arbeit sehr gut machen, aber gedanklich ist er immer wechselhaft. Mal beleidigt, mal hochjubelnd, mal frustriert, mal stolz, mal fühlt er sich hintergegangen. Mit diesen Zuständen muss ein deutscher Vorgesetzter zurechtkommen.

Wenn man in einem Feedbackbeurteilungsbogen von 10 Punkten -1 Punkt gibt, dann fragen die Mitarbeiter „Warum nehmen Sie mich so negativ wahr?“.

Dies ist auch ein Zeichen dafür, dass türkische Mitarbeiter allgemein emotionaler und sensibler auf Kritik reagieren als deutsche. Wobei nicht zu vergessen ist, dass es natürlich in beiden Kulturen Ausnahmen gibt und dass jegliche Verallgemeinerung in dieser Hinsicht mit Vorsicht zu betrachten ist.

Einige Expats haben angegeben, dass die Mitarbeiter Kritik persönlich wahrnehmen und dabei eine defensiv-passive Art zeigen. Dazu eine zitierte Aussage:

Kritik wird persönlich genommen. Es herrscht eine passiv-aggressive Verteidigung. Die defensive Reaktion macht Verbesserungen schwieriger. “

7.2.9.3 **Lösungsvorschläge**

Balance zwischen Sachlichkeit und Einfühlungsvermögen: Der Vorgesetzte sollte einerseits die Gefühle der Mitarbeiter berücksichtigen, andererseits sollte der Vorgesetzte die emotionalen Reaktionen der Mitarbeiter auch wenigstens zum Teil ignorieren, sodass der Mitarbeiter auch mit der Zeit merkt, dass er durch diese emotionalen Reaktionen nichts erzielen kann. Dadurch lernen auch die Mitarbeiter, die Kritik sachlich aufzunehmen. Die Balance zwischen Sachlichkeit und Empathie zu halten, ist dabei für den Vorgesetzten sehr wichtig.

Ein Expat betrachtet dieses Thema als eine Gewohnheitssache. Sein Kommentar zeigt, dass die sachliche Ebene erlernbar und ein Teil der Kultur sein kann:

Die Mitarbeiter sind die deutsche Kultur gewöhnt. Eine Sachebene ist vorhanden, weil es immer schon Ausländer bzw. Expats im Unternehmen gab.

Feedbacktrainings: Auch hier wäre für die Mitarbeiter ein Feedbackexkurs oder Training, die in Punkt 7.2.7 auch vorgeschlagen worden sind (siehe S. 58), zu empfehlen. Ein Zitat hierzu:

Es wurde trainiert, und mit der Zeit hat sich das verbessert.

Dies zeigt, dass das Problem trainierbar ist und dass die Mitarbeiter den sachlichen Umgang mit Kritik erlernen können.

Berücksichtigung der allgemeinen Feedbackregel: Empfehlenswert ist, deutlich zu machen, dass eine negative Rückmeldung nicht auf die Person, sondern auf die Sache bezogen geäußert wird. Die allgemeinen Feedbackregeln, die auch in Deutschland genutzt werden, wären im türkischen Arbeitsalltag ebenso hilfreich. Erst etwas Positives und dann etwas Negatives zu äußern, verhindert die Reaktanz zu dem Gesagten. Der Mitarbeiter fühlt sich erst einmal geschmeichelt sowie anerkannt, und er ist stärker dazu motiviert, offen zu sein, sich in seinen Schwachstellen zu verbessern. Darüber hinaus sollte der Expat während der Äußerung des Feedbacks Status, Alter und Herkunft der Person respektieren und direkte Kritik oder Ablehnung unterlassen, sodass der Mitarbeiter sich als Person respektiert fühlt, ohne sich den Vorgesetzten gegenüber zu verschließen. Des Weiteren sollte der Vorgesetzte dem Mitarbeiter die negative Rückmeldung nicht vor anderen, sondern Face to Face, das heißt auf einer persönlichen Ebene mit etwas Fingerspitzengefühl mitteilen.

Ein Expat schildert seine Meinung zu diesem Thema:

Ausüben von Kritik sollte man zwischen Zuckerbrot und Peitsche mäßig machen. Man muss dabei sehr vorsichtig sein.

Ziehung von Grenzen: Der Vorgesetzte müsste eine klare Grenze zwischen Beruf und Privat ziehen und deutlich machen, dass die beruflichen Aspekte die persönliche Ebene und umgekehrt nicht beeinflussen darf.

7.2.10 Mitarbeiter muss man ständig kontrollieren und "selbstverständliche" Anweisungen geben

7.2.10.1 **Ergebnis**

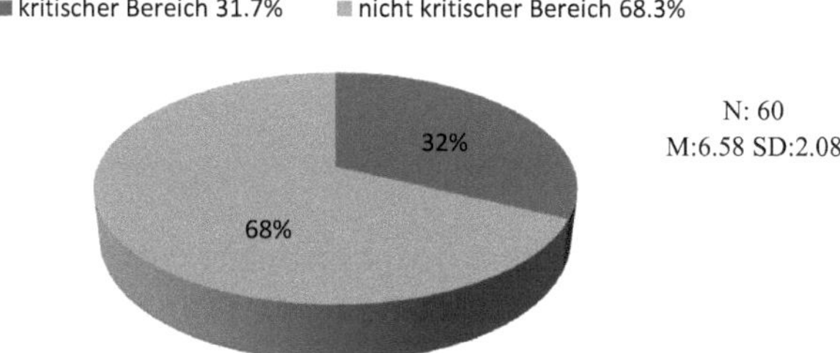

Abbildung 20: Ergebnisdarstellung von der Situation: Mitarbeiter muss man ständig kontrollieren und "selbstverständliche" Anweisungen geben

32 % der 60 befragten Personen haben die Situation als kritisch (häufig bis sehr häufig und problematisch bis sehr problematisch) betrachtet.

7.2.10.2 **Hintergrund**

Ein Vorgesetzter und Moderator im Mediensektor teilt seine Erfahrungen zu diesem Themengebiet mit.

Mit externen Arbeitskollegen ist es schlimmer. Sie müssen erst mal die deutsche Mentalität und Regeln kennenlernen.

Ein deutsch-türkischer ehemaliger Manager hat zu diesem Thema auch seine Erfahrung beigetragen:

Disziplinmäßig passen die türkischen Mitarbeiter sehr gut zu den Deutschen, obwohl es da einige Auffassungsunterschiede gibt. Beispiel 1: Der Deutsche führt die Aufgabe aus, weil sie ihm erteilt. Der Türke führt die Aufgabe, weil er sie als einen Befehl aufnimmt (Hintergründe können dafür

strenges Elternhaus, Militärdienst etc. sein). Da ist der Ton der Vorgesetzten sehr wichtig. Es sollte klar, kurz, deutlich und ermunternd sein.

Ein Zitat von einem Vorgesetzten, der bis jetzt in acht verschiedenen Ländern als Expat in der Hotelbranche tätig war:

Die Türkei war für mich eine super Erfahrung. Wenn man weiß, wie man mit den türkischen Mitarbeitern umgehen soll, ist alles sehr einfach. Vertrauen ist sehr wichtig. Wenn die türkischen Mitarbeiter eine persönliche Beziehung mit den Vorgesetzten haben, kommt auch das Vertrauen und die Aufgaben werden reibungslos erfüllt. Das Einige ist am Anfang, Beziehungen aufzubauen und das Vertrauen der Mitarbeiter zu gewinnen. Danach brauchte ich überhaupt keine Kontrolle, und die Performance von Mitarbeitern waren ausgezeichnet."

Bei dieser Aussage wird die Wichtigkeit des Beziehungs- und Vertrauensaufbaus mit den türkischen Mitarbeitern wieder deutlich betont. Dies zeigt auch, dass bei den türkischen Mitarbeitern emotionale Prozesse wie Motivation und ein Gefühl der Verpflichtung gegenüber den Vorgesetzten eine wichtige Rolle bei der Leistungserbringung spielen. Der Vorgesetzte sollte am Anfang darauf achten, dass er eine vertrauensvolle Basis zu den Mitarbeitern schafft, um deren Produktivität zu fördern.

7.2.10.3 **Lösungsvorschläge**

Um Wiederholungen und Überschneidungen zu vermeiden, sind für diese Situation auch die die im Punkt 7.2.5 (siehe S. 55) dargestellten Lösungsvorschläge relevant.

Achtung:

Für die zusätzlichen Ergebnisse der Tabelle 8 (S. 32) sind die Lösungsvorschläge für Situation 1: "Kritik wird persönlich wahrgenommen", die vorgestellten Maßnahmen der Situationen 1 und 9 relevant (siehe S. 45 und 62).Des Weiteren sind für die Situation 3: „Schlüsselkontakte zählen mehr als Qualifikationen" die Vorschläge von Punkt 7.2.2 relevant (siehe S. 47). Für die Situation "Anstatt recht frühzeitig mit den Projekten anzufangen, bereiten die Mitarbeiter die Aufgaben sehr kurzfristig vor (was auch meistens zur Überstunden Verspätungen führt).", werden die Hintergründe und Lösungsvorschläge erläutert.

7.2.11 Anstatt recht frühzeitig mit den Projekten anzufangen, bereiten die Mitarbeiter die Aufgaben sehr kurzfristig vor (was auch meistens zur Überstunden Verspätungen führt)

7.2.11.1 **Ergebnis**

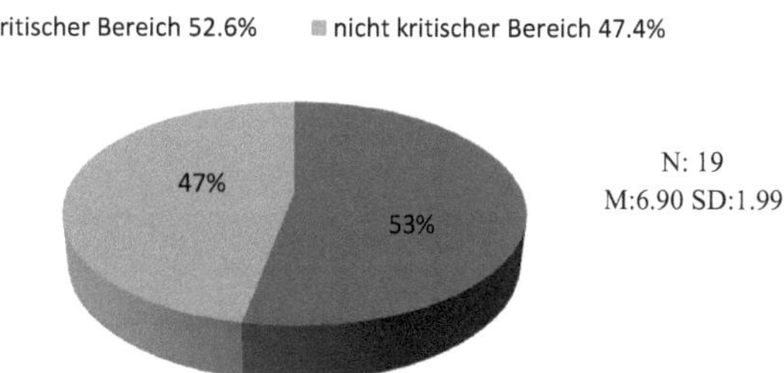

Abbildung 21: Ergebnisdarstellung von der Situation: Anstatt recht frühzeitig mit den Projekten anzufangen, bereiten die Mitarbeiter die Aufgaben sehr kurzfristig vor

53 % der 19 befragten Personen haben diese zusätzliche Situation, die im Nachhinein selektiert wurde (siehe 4.3, S.22), als kritisch (häufig bis sehr häufig und problematisch bis sehr problematisch) betrachtet.

7.2.11.2 **Hintergrund**

Die türkische Gesellschaft zeichnet meist eine gelassene Art bei Einhaltung streng gezogener Zeitpläne aus. Dies kommt auch während der Arbeitszeit zum Ausdruck. Lieber machen die Mitarbeiter mehrere Pausen, in denen man mit den Kollegen plaudert, und bleibt abends länger, als dass man seine Aufgaben stringent bearbeitet. Des Weiteren herrscht die Sichtweise, dass man gewisse Gegebenheiten und Dinge nicht in der Hand hat und beeinflussen kann und dass es trotz bestehender Regeln oft unvorhersehbar ist, wie die Dinge ablaufen (Appl, Koytek, Schmid, 2007). Die Aussage eines deutschen Managers in Istanbul unterstützt dies:

Ich habe das Erdbeben damals miterlebt man kann nicht alles voraus planen. Jeden Tag werden z. B. die Straßen renoviert und geändert.

Aufgrund dieser verbreiteten Sichtweise planen die türkischen Arbeitskollegen lieber kurzfristig. Langfristige Terminvereinbarungen sind im Gegensatz zu spontanen kurzfristigen Vereinbarungen selten, sie werden jedoch auch eingehalten. In der türkischen Gesellschaft besteht die Tendenz, Aufgaben "auf den letzten Drücker" zu erledigen.

Zitate zu dieser Situation von den Expats, die die Sache auch teilweise positiv bewerten.:

Auch wenn's zum letzten Zeitpunkt passiert, wird alles fertig. Das kurzfristige Denken ist vorhanden. Deutsche planen vor vier Wochen voraus. Hier geht das verloren. Eine Woche vorher reicht für eine Terminvereinbarung. Wird schon irgendwie fertig.

Besondere Kunst aus der Türkei. Sie werden doch noch im letzten Zeitpunkt fertig.

7.2.11.3 Lösungsvorschläge

Schaffung von Zeitpuffern: Empfehlenswert ist, dass die Vorgesetzten frühere Deadlines geben als normal erforderlich. Dadurch hat der Vorgesetzte einen Zeitpuffer für sich, und die Arbeit wird durch eventuelle Verspätungen nicht verzögert.

Ziehung von Konsequenzen bei Überstunden: Der Vorgesetzte könnte bei Überstunden Konsequenzen ziehen, wie z. B. diese nicht auszuzahlen, wenn der Grund dafür eine zu starke Gelassenheit der Mitarbeiter ist. Wichtig wäre es, dass der Vorgesetzte mit den Mitarbeitern alles plant und vorher klärt, welche Konsequenzen auf sie zukommen könnten.

Kurzfristige Zielvereinbarungen: Eine Methode wäre auch, den Mitarbeitern eher kurzfristig realisierbare Ziele vorzugeben, da sie dann motivierter sind und einen stärkeren Druck haben, die Sache so schnell wie möglich zu erledigen.

Durchführung einer ganzheitlichen Kontrolle: Anstatt nur eine Outputkontrolle durchzuführen, wäre eine kontinuierliche Checkliste für die Mitarbeiter auch sehr hilfreich. Dies dient einer Prozesskontrolle, und dadurch können sowohl die Mitarbeiter als auch der Vorgesetzte stufenweise ihre Ziele und Deadlines für die jeweiligen Aufgaben verfolgen. Dazu ein Kommentar von einem befragten Expat:

Türken sind nicht auf langfristige Terminvereinbarungen fixiert. Man gewöhnt sich daran und entwickelt sich mit. Man findet Gegenmaßnahmen, mit denen man trotzdem das Ziel erreichen kann. Z. B. bei den Leuten nachhaken, sie erinnern, man passt sich einfach an."

7.3 Weitere Tipps für deutsche Manager in der Türkei

7.3.1 Thema Politik und Religion im türkischen Businesskontext

Die Expatriates sollten sich vor allem über politisch-historische Themen in der Türkei gut informieren, bevor sie diese ansprechen. Zu den Reizthemen, in denen Konfrontationen unbedingt zu vermeiden sind, gehören die Themen zum aktuellen Stand der türkischen Politik und Regierung (AKP), Religion, Zypern und Armenien sowie die Kurdenfrage. Die türkische Bevölkerung hat einen ausgeprägten Nationalstolz, weshalb mit offener Kritik bezüglich verschiedener Themen vorsichtig umzugehen ist. Eine Aussage eines Managers, der bezüglich dieses Themengebiets seine Erfahrung mitteilt:

Bestimmte Sachen spreche ich gar nicht an, zum Beispiel das Armenienthema. Dann wärs sehr problematisch. Man muss schon drauf achten. Politische Themen sind noch problematischer als religiöse Themen. Der Islam wird ja politisch zurzeit genutzt, das lehnen die aber ab. Für die Arbeit ist es kein Problem. Politik und Fußball ist ein kritisches Thema.

7.3.2 Smalltalk

Für die Vorgesetzten wäre es hilfreich, sich über das Thema **Fußball** in der Türkei zu informieren und die Tendenz zu einer Mannschaft eher offenzuhalten. Fußball ist ein sehr beliebtes Thema, welches aber schnell bei Gegenmeinungen zu einem Reizthema werden kann. Es stellt ein Hauptthemengebiet während eines Smalltalks mit einem Interaktionspartner im Businesskontext dar. Ein Beispiel eines Managers, das die Wichtigkeit dieses Themengebiets darstellt:

Es gehört einfach dazu. Fußballthemen werden viel thematisiert. Es wurde eine extra Leinwand für ein Fußballspiel in der Schule organisiert.

Ein Expat aus einem Großkonzern teilt mit, dass Fußball ein fester Bestandteil des informellen Gesprächs während der Arbeitszeit ist und den Aufbau persönlicher Beziehungen im Arbeitsleben fördert.

Über Familie, Kinder und Fußball spricht man immer. Bis Mittwoch wird das letzte Spiel im Büro thematisiert und ab Donnerstag wird das nächste Fußballspiel diskutiert. Persönliche Beziehungen sind sehr wichtig, ohne die kann man kein vernünftiges Geschäft regeln. Man lernt die Personen sofort auf einer anderen Ebene kennen, öffnet sich sehr schnell.

7.3.3 Austausch mit dem vorigen Expat

Ein Erfahrungsaustausch mit den vorherigen Expats im überlappenden Zeitraum für die Einarbeitungs- und Anpassungsphase ist empfehlenswert. Gespräche mit bereits heimgekehrten Entsandten aus der ausländischen Vertretung tragen dazu bei, dass sich die Entsandten mit typischen Situationen des Einsatzlandes auseinandersetzten können und sich zumindest mental darauf vorbereiten können.

8 Diskussion und Ausblick

8.1 1. Teil: deutsche Manager

Ausgangspunkt der vorliegenden Arbeit war es, die kulturspezifischen Herausforderungen der deutschen Manager in der Türkei festzustellen und anhand der Ergebnisse sachgerechte Lösungsvorschläge anzubieten. Durch die vorliegende Arbeit wurde die hohe Bedeutung von landeskulturellen Unterschieden und daraus entstehenden Herausforderungen für das interkulturelle Management in einer fremden Kultur hervorgehoben.

Es wurde herausgefunden, dass bestimmte erfragte Situationen im Businesskontext in der Türkei öfter auftreten als in Deutschland. Um diese Ergebnisse zu erfassen, wurde für die Datenerhebung die „Problem Detection"-Methode angewendet. Diese hat sich bezüglich der in der vorliegenden Arbeit gesetzten Ziele als vorteilhaft erwiesen. So war es möglich, einen detaillierten Überblick der Sichtweisen und Probleme der deutschen Manager in der Türkei zu schaffen und daraus entsprechende Lösungsansätze zu entwickeln. Die Vergleichbarkeit der Managerergebnisse zwischen den einzelnen Ländern ist zudem durch ungleich große Teilnehmerzahlen (Deutschland: 30, Türkei: 61) als eingeschränkt zu betrachten. Die befragten deutschen Manager in Deutschland dienen als Vergleichsgruppe, sodass der Schwerpunkt der Arbeit eher auf der Befragung der Manager in der Türkei liegt. Des Weiteren ist die Verteilung des Geschlechts, des Alters, der Dauer des Auslandsaufenthalts und der Tätigkeitsfelder der befragten deutschen Manager ausreichend breit, um Einseitigkeiten in den Ergebnissen aufgrund dieser Variablen auszuschließen. Die Verteilung der vielfältigen Branchen, Unternehmen sowie der demografischen Hintergrundinformationen unterstreicht dies. In Anbetracht dieser Zusammensetzung, der Stichprobengröße und der Brandbreite von Hintergründen der befragten Manager können die Ergebnisse als geeignet für eine Übertragung auf deutsche Manager in der Türkei angesehen werden. Jedoch darf nicht vergessen werden, dass es natürlich in beiden Kulturen Ausnahmen gibt und dass jegliche Verallgemeinerung in dieser Hinsicht vorsichtig zu betrachten ist. Bei der Datenerhebung könnten noch zahlreiche Faktoren berücksichtigt werden. Die vorhandene Komplexität des Menschen zeigt sich zudem darin, dass, neben der Dauer des Auslandsaufenthalts oder der Betriebszughörigkeit auch Persönlichkeitsfaktoren, Familiensituationen, die ortsspezifische (Großstadt, Kleinstadt, Dorf etc.) sowie die Unternehmenskultur und noch weitere Faktoren einen wichtigen Beitrag zu den gegebenen subjektiven Antworten und Interpretationen der Problemsituationen leisten. Zum Beispiel spielen **familiäre Beziehungen** eine entscheidende Rolle bei der gesamten Wahrnehmung des Auslandseinsatzes. Ob der Partner aus dem Gastland kommt oder nicht, beeinflusst auch den Integrations- und Anpassungsprozess des Expats. Die Unterstützung der Familie hat einen ausschlaggebenden Effekt auf den Erfolg sowie das subjektive Wohlbefinden des Entsandten. Des Weiteren spielen auch **Persönlichkeitsfaktoren** der Person eine Rolle bei der Bewertung der Ergebnisse. In der Zukunft wäre es interessant zu betrachten, ob sich die deutschen Manager in Deutschland und die im Ausland bezüglich ihrer Persönlichkeitsmerkmale wie z. B. Offenheit für Neues und Extraversion unterscheiden. Zudem haben die Manager zahlreiche **Motivationshintergründe und Anreize,** warum sie sich auf einen

Auslandseinsatz einlassen. Diese Motivationshintergründe beeinflussen auch vermutlich ihre Einstellungen und darauf basierende Interpretationen der jeweiligen Situationen. Auch das **Bildungsniveau** der Mitarbeiter, welches in dieser Studie nicht berücksichtigt wurde, hat höchstwahrscheinlich einen hohen Effekt auf die Wahrnehmung und bietet sich als ein weiterer möglicher Untersuchungsgegenstand an. Neben den persönlichen Aspekten gibt es auch bestimmte Rahmenbedingungen, die die Situationen beeinflussen. Zum Beispiel werden die befragten Situationen teilweise aufgrund branchenspezifischer Besonderheiten und Schwerpunkte der Tätigkeiten ganz anders bewertet. Das Ausmaß der Häufigkeit und die Relevanz der Problemsituationen sind sicherlich je nach Sektor und Tätigkeitsbereich anders ausgeprägt. Zum Beispiel sind für Banken verspätete Zahlungen von Vorteil, weil deren Gewinne aus den Zinsen bestehen, wohingegen die Verzögerung der Zahlungen für alle weiteren Sektoren eine Beeinträchtigung darstellt. Als ein weiteres Beispiel wird im Mediensektor Spontanität, Improvisation und die kurzfristige Orientierung als normal und positiv empfunden, wobei dies in einer Produktionsbranche im Gegenteil als kritisch eingestuft wird. Dazu ein Zitat von einem Manager, der im Mediensektor agiert:

Mediensektor ist überall in der Welt spontan. Auch in Deutschland sind die extrem spontan und vom Timing her flexibel.

Neben der nationalen Kultur hat auch die **Unternehmenskultur** einen Effekt auf die Verhaltensmuster der Mitarbeiter. Definitionsgemäß ist jede Organisation eine spezifische Kultur, die sich von Kulturen anderer Organisationen unterscheidet (Rothlauf, 2009). Während der Datenerhebung wurde auch deutlich, dass es sich je nach Unternehmen um eine ganz spezifische Kultur, das heißt, um jeweils eigene innerorganisatorische Strukturen und spezielle Hintergründe der Mitarbeiter handelte. Bei manchen Unternehmen, die auch flachere Hierarchien besaßen, wurde z. B. nur Deutsch gesprochen, und es wurden nur die Mitarbeiter ausgewählt, die einen deutschen Hintergrund haben oder zumindest fließend Deutsch sprechen. Dahingegen gab es auch Unternehmen, in denen die Mitarbeiter zu 80 % kein Deutsch sprachen und es ganz andere Strukturen gab. Diese Faktoren beeinflussen auch die Erfahrungen, die ein Expat im Gastland erlebt und wie er die entsprechenden Situationen bewertet. Des Weiteren würden die Antworten der Manager vermutlich anders ausfallen, wenn es bei den Befragungen weniger um die Metropole Istanbul als vielmehr um einen ländlicheren Bereich wie Ostanatolien gegangen wäre. So wie in Deutschland gibt es auch in der Türkei ortsspezifische Kulturunterschiede. Ein Manager in Deutschland teilt dazu seine Beobachtung mit:

Innerhalb von Deutschland kann man sogar die Mentalitätsunterschiede sehen. Z. B. Hamburg versus Berlin. Es gibt einen 100 jährigen Spruch: In Hamburg wird gearbeitet, in Berlin wird gelebt". Der Wohlstand in Berlin geht über Handeln. Man sieht noch den Effekt in Berlin von den Osten. Es gibt eine andere Marktorientierung. Bei jüngeren Ostberlinern sieht man den Effekt weniger als bei den Älteren.

Es wäre allgemein interessant, in der Zukunft zu schauen, wie sich die Ergebnisse je nach Bildungsstand, Persönlichkeitsfaktor, Motivationshintergrund sowie Unternehmens- und lokaler Ortskultur der Manager unterscheiden.

Zudem ist allgemein zu betonen, dass die in der Arbeit **vorgestellten Kulturdimensionen** und kulturellen Hintergründe der jeweiligen Länder als eine Orientierung für neue Situationen oder Umgebungen dienen, um diese in ihrer Komplexität angemessen einschätzen und entsprechend handeln zu können. Jedoch könnten Abweichungen vorkommen, da keine Kultur komplett schwarz oder weiß zu betrachten ist. Diese Dimensionen und Ergebnisse stellen nur eine Tendenz der Kultur dar.

Ergänzend wurde in den qualitativen Daten festgestellt, dass es sehr vielfältige Erfahrungen und damit verbundene Meinungen gibt, die sowohl für die deutsche als auch für die türkische Kultur je nach befragten Perspektiven sehr unterschiedlich ausgefallen sind, die aber aus Platz- und inhaltlichen Gründen nicht weiter in der vorliegenden Arbeit erwähnt wurden. Zum Beispiel hat ein Vorgesetzter in Istanbul angegeben, dass Management in der Türkei einfacher sei, weil man sich hier nur mit der türkischen Kultur auseinandersetzen und sich dann entsprechend verhalten müsse. In Deutschland müssten Manager mehrere Kulturen berücksichtigen, sodass es allgemein schwieriger sei, einen Mittelweg für alle Mitarbeiter zu finden:

Hier in der Türkei zu arbeiten, ist einfacher, weil man nur mit der türkischen Kultur zu tun hat. In Deutschland ist es komplizierter, weil da viele Kulturen gemischt beieinander arbeiten. Da muss man auf mehrere Kulturen Rücksicht nehmen als hier. In Deutschland gibt's z. B. Griechen, Türken, Albaner etc. Da besteht mehr Konfliktpotenzial als hier in der Türkei.

Auch dieser Aussage wird entnommen, dass es zahlreiche Meinungen und Perspektiven gibt, die z. B. für eine Seite richtig und für die andere Seite falsch sind. Es ist in diesem Punkt wichtig zu betonen, dass endgültige Aussagen im Allgemeinen als vorsichtig zu betrachten sind.

8.2 2. Teil: türkische Mitarbeiter

Im zweiten Teil der Arbeit wurde die türkische Mitarbeiterperspektive erfasst, um einen Perspektivenwechsel zu erzielen und zu schauen, ob innerhalb der Interpretationen bzgl. der deutschen und der türkischen Manager Unterschiede zu beobachten sind und wenn ja, welche dies sind. Die Ergebnisse der Datenerhebung erwiesen sich als überraschend. Sie zeigten, dass die türkischen Mitarbeiter mehr Problemsituationen mit den türkischen Vorgesetzten erleben als mit den deutschen Managern. Die potenziellen Gründe der Ergebnisse wurden entsprechend in Kapitel 6 (S. 42) diskutiert. In **der Zukunft** könnte man die Mitarbeiterbefragung anders gestalten und weiterentwickeln. Besonders könnte man den demografischen Teil des Fragebogens für die türkischen Mitarbeiter weiter ausbauen, um die Ergebnisse besser nachvollziehen und entsprechend interpretieren zu können. Es könnte z. B. Unterschiede bei Befragten geben, die zurzeit einen türkischen Vorgesetzten haben oder vorher einen türkischen Vorgesetzten hatten. Vorherige Erfahrungen mit der deutschen Kultur würden die Ergebnisse der Mitarbeiter auch beeinflussen. Ein Mitarbeiter, der vorher gar nicht mit der deutschen Kultur vertraut war, würde vermutlich eine andere Tendenz bezüglich seiner Antworten zeigen als ein Mitarbeiter, der jahrelang in Deutschland gelebt und gearbeitet hat. Hier einige Beispielfragen, die in Zukunft zusätzlich verwenden werden könnten:

- Haben Sie zurzeit einen türkischen Vorgesetzten?
- Wenn nein, wie lange hatten Sie einen türkischen Vorgesetzten?
- Waren Sie schon vorher im Ausland berufstätig?
- Wenn ja, wo und wie lange?

8.3 Empfehlungen zu einem ganzheitlichen Entsendungskonzept für Unternehmen

Sowohl der Stand der aktuellen Forschung als auch die Ergebnisse der vorliegenden Arbeit implizieren demnach, dass die Unternehmen bei der Vorbereitungs- und Betreuungsphase des Auslandseinsatzes sowie bei den weiteren Phasen wesentliche Punkte des Auslandserfolges unberücksichtigt lassen. Es sollten z. B. auch Vorbereitungstrainings sowie Betreuung nicht nur für die Expats, sondern auch für die Familienangehörigen angeboten werden, sodass sich diese ebenfalls schnellstmöglich integrieren können und schnell nützlichen Informationen für eine erfolgreiche Bewältigung des Alltags erhalten.

Dazu sollten auch die Mitarbeiter des Gastlandes auf die Zusammenarbeit vorbereitet werden. Eine einseitige Vorbereitung würde die erfolgreiche Zusammenarbeit begrenzen. Die Mitarbeiter sollten sich auch der Unternehmenskultur bewusst sein und eine hohe Anpassungsfähigkeit besitzen, um sich alle 3–5 Jahre auf einen neuen Vorgesetzten einzustellen. Dies bedeutet natürlich eine besondere Herausforderung für die Mitarbeiter. Auch die Mitarbeiterseite des Gastlandes sollte im Auge behalten werden, sodass eine zweiseitige Vorbereitung erfolgt, die mit gegenseitigem Verständnis zu optimalen Ergebnissen führt. Außerdem wäre eine kontinuierliche Betreuung auch für die Mitarbeiter in der Hinsicht für international tätige Unternehmen hilfreich und empfehlenswert.

Für die Personalentwicklung wäre die Berücksichtigung und Umsetzung eines ganzheitlichen Auslandsentsendungskonzepts (siehe Abbildung 22) für den allgemeinen Nutzen beider Seiten empfehlenswert.

Abbildung 22: Fünf Phasen eines befristeten Auslandseinsatzes (eigene Darstellung)

Der Fokus der vorliegenden Arbeit lag auf den Phasen der Vorbereitung sowie der Betreuung, die auch ausführlich in Kapitel 6 bearbeitet wurden.

Neben einer Vorbereitung kommt der Betreuung vor Ort eine hohe Bedeutung zu, die nicht zu unterschätzen ist. Die Ergebnisse der Arbeit zeigten, dass nur 16 von 61 Managern formell betreut wurde. Um Problemen entgegenzuwirken und den Mitarbeiter zu motivieren, wäre eine kontinuierliche Betreuung vor Ort durch fachliche, administrative aber auch psychologische Unterstützung empfehlenswert. In Abbildung 12 wird ein kontinuierliches Betreuungskonzept des Entsandten nach Kühlmann (2004) dargestellt:

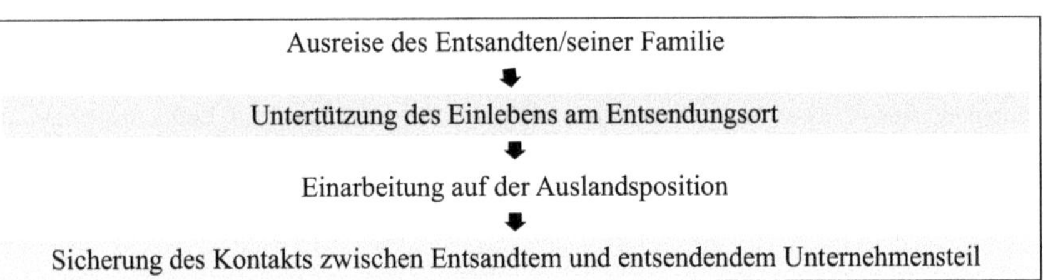

Abbildung 23: Aufgaben in der Betreuung entsandter Mitarbeiter während ihres Auslandsaufenthalts (Kühlmann, 2004, S. 83, Abb. 18)

Abschließend zeigen die Ausführungen dieser Arbeit, dass vorwiegend kulturelle Aspekte eine zentrale Einflussgröße auf den Managementerfolg bei Auslandsentsendungen für die Expats darstellen. Um einen erfolgreichen Einsatz zu gewährleisten, ist es unabdingbar, dass der Entsandte vor Abreise durch umfassende Vorbereitungsmaßnahmen befähigt wird, fremde Kulturen zu verstehen, sich gezielt auf das soziokulturelle Umfeld vorzubereiten und sich entsprechend anzupassen. Darauf aufbauend sollten auch die restlichen Phasen berücksichtigt werden, um einen kontinuierlichen Erfolg sowohl im Ausland als auch im Heimatland zu gewährleisten.

9 Zusammenfassung

In der vorliegenden Studie wurden die deutsch-türkischen kulturellen Unterschiede und daraus entstehende Herausforderungen im Businesskontext untersucht. Vor diesem Hintergrund wurde ein Erhebungsinstrument entwickelt, welches nach dem Vorbild der „Problem Detection"-Methode konstruiert wurde, indem potenzielle Problemsituationen der deutschen Expatriates in der Türkei konzipiert wurden. Insgesamt hatten dabei 61 deutsche Manager und Expatriates in der Türkei und 30 deutsche Manager als Vergleichsgruppe in Deutschland potenzielle Probleme nach wahrgenommener Häufigkeit und Problemhaftigkeit beurteilt.

Es zeigte sich, dass die häufigsten und problematischsten angegebenen Probleme innerhalb beider Länder sich sehr ähneln, sich jedoch vom Anteil her unterscheiden, sodass die kulturell bedingten Probleme für die deutschen Manager in der Türkei herausgefunden wurden. Auf der Basis der Untersuchungsergebnisse wurden darauf aufbauend Hintergrundinformationen der Problemsituationen bereitgestellt und entsprechende Lösungsvorschläge für effizientes interkulturelles Management und landesspezifische Verhaltensanpassung abgeleitet.

Des Weiteren bewerteten 45 türkische Mitarbeiter, die einen deutschen und einen türkischen Vorgesetzten haben oder hatten, die potenziellen Probleme je nach den deutschen und türkischen Vorgesetzten nach Häufigkeit und Problemhaftigkeit. Die Bewertungen wurden verglichen, und es zeigte sich, dass türkische Mitarbeiter mit den türkischen Vorgesetzten mehr wahrgenommene Probleme aufgeweist haben als mit den deutschen Managern.

Darauf aufbauend wurde auf zukünftige Perspektiven in den jeweiligen Untersuchungen verwiesen, und es wurden Empfehlungen für ein ganzheitliches Entsendungskonzept abgeleitet.

Schlüsselwörter: Interkulturelles Management, deutsche Expatriates, Problem Detection Study, Business in Türkei, Auslandsentsendung

Literaturverzeichnis

Appl, C., Koytek, A., & Schmid, S. (2007). *Beruflich in der Türkei: Trainingsprogramm für Manager, Fach- und Führungskräfte. Handlungskompetenz im Ausland.* Göttingen: Vandenhoeck & Ruprecht.

Bärsch, C.-E. (2005). *"Wer Religion verkennt, erkennt Politik nicht": Perspektiven der Religionspolitologie.* Würzburg: Königshausen & Neumann.

Beyer, U., Heidinger, P. J., & Tektasl, Y. (2007). *Business Guide Türkei: Ein Handbuch für ausländische Investoren und Geschäftsleute in der Türkei* (1. Aufl.). Düsseldorf: Institut für Außenwirtschaft.

Bröckermann, R. (2006). *Handbuch Personalentwicklung: Die Praxis der Personalbildung, Personalförderung und Arbeitsstrukturierung.* Stuttgart: Schäffer-Poeschel.

Collatz, A. (1999). *Persönlichkeit als Erfolgsdeterminante für die Auslandsentsendung von Mitarbeitern.* Unveröffentlichte Diplomarbeit, Ruhr Universität Bochum.

Deutsch-türkisches Wirtschaftsjahrbuch, (2008/2009). Herausgegeben von Deutsch-Türkische Industrie- und Handelskammer.

Dowling, P. J., Festing, M., & Engle, A. D. (2008). *International human resource management: Managing people in a multinational context* (5. ed.). London: South-Western Cengage Learning.

Durzak, M. (2004). *Die andere deutsche Literatur: Istanbuler Vorträge; [Anlaß für die Entstehung dieses Bandes war das im März 2003 an der Universität Istanbul stattgefundene Symposion mit dem Titel "Grenzüberschreitungen"].* Würzburg: Königshausen & Neumann.

Erll, A., & Gymnich, M. (2007). *Interkulturelle Kompetenzen: Erfolgreich kommunizieren zwischen den Kulturen* (1. Aufl.). Stuttgart: Klett Lernen und Wissen.

Eroglu, G. (2005). Die Herausforderung des Islamismus und Laizismus in der Türkei. In C.-E. Bärsch (Ed.), *"Wer Religion verkennt, erkennt Politik nicht": Perspektiven der Religionspolitologie* (S. 185–204). Würzburg: Königshausen & Neumann.

Götz, K. (2006). *Interkulturelles Lernen, interkulturelles Training: Managementkonzepte,* (6., verb. und erw. Aufl., Vol. 8). München: Hampp.

Gronau, D. (1994). *Mustafa Kemal Atatürk oder die Geburt der Republik.* Frankfurt am Main: Fischer-Taschenbuch-Verl.

Harke, A. (2001). *Fit für den Auslandseinsatz?: Diagnose interkultureller Kompetenzen.* Unveröffentlichte Diplomarbeit, Ruhr Universität Bochum.

Heidenreich, J. (2007). *Kostenfaktor Mobbing: Wie Manager Ursachen erkennen und erfolgreich vorbeugen* (1. Aufl.). Weinheim: WILEY-VCH.

Hess, M. Brayer, & Linderman, P. (2007). *The expert expat: Your guide to successful relocation abroad ; moving, living, thriving* (rev. ed.). Boston: Brealey.

Hinterhuber, H. & Bieger, T. (2004). *Kundenmanagement als Erfolgsfaktor: Grundlagen des Tourismusmarketing. Schriften zu Tourismus und Freizeit,* Berlin: Schmidt.

Hofstede, G. (2008). *Culture's consequences: Comparing values, behaviors, institutions, and organizations across nations* (2. ed.). Thousand Oaks: Sage Publ.

Hofstede, G., Hofstede, G. Jan, & Mayer, P. (2009). *Lokales Denken, globales Handeln: Interkulturelle Zusammenarbeit und globales Management* (4. Aufl., Orig.-Ausg.). München: Dt. Taschenbuch-Verl.

Hübers, S. (2006). *Ein möglicher Türkeibeitritt zur Europäischen Union: Implikationen für die EU-Außen- und Sicherheitspolitik.* Norderstedt: Grin (Studienarbeit).

Kammhuber,S. (2005). Interkulturelles Konfliktmanagement und Mediation. In A. Thomas, E.-U. Kinast, & S. Schroll-Machl (Eds.), *Handbuch interkulturelle Kommunikation und Kooperation. Grundlagen und Praxisfelder* (S. 299–306). (Bd.2) Göttingen: Vandenhoeck & Ruprecht.

Katsikaris, A. (Ed.) (2006). *Türkei Europa.* Essen: Magnus-Verl.

Kemmler, I. (2008). *Business Know-how Türkei: So wird Ihre Geschäftsreise zum Erfolg.* München: Redline Wirtschaft.

Kleist, S. (2006). *Management kulturübergreifender Geschäftsbeziehungen: Eine Untersuchung am Beispiel der Zusammenarbeit zwischen deutschen und chinesischen Unternehmen.* Wiesbaden: Deutscher UniversitSts-Verlag | GWV Fachverlage.

Koch, E., & Speiser, S. (2008). *Interkulturelles Management: Neue Ansätze – Erfahrungen – Erkenntnisse : Beiträge zum Fünften Internationalen Tag. Texte der Fakultät für Studium Generale und Interdisziplinäre Studien / Hochschule für Angewandte Wissenschaften, Bd. 5.* München: Hampp.

König, H. (Ed.) (2005). *Gehört die Türkei zu Europa ? Wegweisungen für ein Europa am Scheideweg. Global studies.* Bielefeld: Transcript-Verl.

König, H., & M. Sicking (2005). Statt einer Einleitung: gehört die Türkei zu Europa?: Konturen einer Diskussion. In H. König (Ed.), *Global studies: Gehört die Türkei zu Europa? Wegweisungen für ein Europa am Scheideweg* (S. 9–26). Bielefeld: Transcript-Verl.

Kramer, H., & Reinkowski, M. (2008). *Die Türkei und Europa: Eine wechselhafte Beziehungsgeschichte.* Stuttgart: Kohlhammer.

Kühlmann, T. M. (2004). *Auslandseinsatz von Mitarbeitern Praxis der Personalpsychologie, (Vol. 6).* Göttingen: Hogrefe.

Kumar (2009). Das Aufgabengebiet des Interkulturellen Managements. In J. Rothlauf (Ed.), *WiSo-Lehr- und Handbücher: Interkulturelles Management. Mit Beispielen aus Vietnam, China, Japan, Russland und den Golfstaaten* (3rd ed., S. 13–14). München: Oldenbourg.

Kumbruck, C., & Derboven, W. (2005). *Interkulturelles Training: Trainingsmanual zur Förderung interkultureller Kompetenzen in der Arbeit.* Heidelberg: Springer.

Mayer, C.-H. (2008). *Trainingshandbuch interkulturelle Mediation und Konfliktlösung: Didaktische Materialien zum Kompetenzerwerb* (2. Aufl.). Münster: Waxmann.

Mayring, P. & Gläser-Zikuda, M. (2008). *Die Praxis der qualitativen Inhaltsanalyse* (2., neu ausgestattete Aufl.). *Pädagogik.* Weinheim: Beltz.

Nehring, J. (2008). *Konstruktion eines Potenzialanalyseverfahrens zur Personalauswahl von Expatriates für die USA.* Unveröffentlichte Diplomarbeit, Ruhr Universität Bochum.

Regnet, E., & Hofmann, L. Maija (2000). *Erfolgsrezepte türkischstämmiger Unternehmen: Ein Modell für Deutschland? Personalmanagement in Europa.* Göttingen: Verl. für Angewandte Psychologie.

Rosinski, P. (2003). *Coaching Across Cultures: New tools for leveraging national, corporate and professional differences.* London: Brealey [u.a.].

Rosenstiel, L., Regnet, E., & Domsch, M. E. (2009). *Führung von Mitarbeitern: Handbuch für erfolgreiches Personalmanagement* (6. überarb. Aufl.). Stuttgart: Schäffer-Poeschel.

Rothlauf, J. (Ed.) (2009). *Interkulturelles Management: Mit Beispielen aus Vietnam, China, Japan, Russland und den Golfstaaten* (3., überarb. und aktualisierte Aufl.). *WiSo-Lehr- und*

Handbücher. München: Oldenbourg.

Rumpf, C. (2009). *Recht und Wirtschaft der Türkei: [ein Leitfaden]* (2. aktualisierte Aufl.). Stuttgart: local global.

Schein, E. H. (2004). *Organizational culture and leadership* (3. ed.). San Francisco, Calif.: Jossey-Bass.

Schöler, A. (2009). *Beschwerdeinformationen und ihre Nutzung* (1. Aufl.). *WissenschaftFocus Dienstleistungsmarketing.* Wiesbaden: Gabler Verlag / GWV Fachverlage

Schroll-Machl, S. (2007). *Die Deutschen – Wir Deutsche: Fremdwahrnehmung und Selbstsicht im Berufsleben* (3. Aufl.). Göttingen: Vandenhoeck & Ruprecht.

Stahl, G. K. (1998). *Internationaler Einsatz von Führungskräften. Managementwissen für Studium und Praxis.* München: Oldenbourg.

Stauss, B., & Hentschel, B. (1990). *Verfahren der Problementdeckung und Analyse im Qualitätsmanagement von Dienstleistungsunternehmen.: Diskussionsbeiträge der wirtschaftswissenschaftlichen Fakultät* (Vol. 2). Ingolstadt: Wirtschaftswissenschaftliche Fakultät der Universität.

Steinbach, U. (2007). *Geschichte der Türkei* (Orig.-Ausg., 4., durchges. und aktualisierte Ausg., Vol. 2143). München: Beck.

Stöwe, C., & Keromosemito, L. (2004). *Führen ohne Hierarchie: Wie Sie ohne Vorgesetztenfunktion Teams motivieren, kritische Gespräche führen, Konflikte lösen.* Wiesbaden: Gabler.

Strasser, W. (2004). *Erfolgsfaktoren für die Unternehmensführung: So werden Unternehmen schneller, schlagkräftiger und wettbewerbsfähiger; mit vielen Beispielen und Checklisten* (1. Aufl.). Wiesbaden: Gabler.

Straub, J. (2007). *Handbuch interkulturelle Kommunikation und Kompetenz: Grundbegriffe – Theorien – Anwendungsfelder; mit Tabellen.* Stuttgart: Metzler.

Stroebe, R. W. & Stroebe, G. H. (1984). *Grundlagen der Führung mit Führungsmodellen* (4., neubearb. u. erw. Aufl., Vol. 2). Heidelberg: Sauer.

Thomas, A., Kammhuber, S. & Schroll-Machl, S. (2007). *Länder, Kulturen und interkulturelle Berufstätigkeit. Handbuch interkulturelle Kommunikation und Kooperation* (2., durchges. Aufl.). Göttingen: Vandenhoeck & Ruprecht.

Thomas, A., Kinast, E.-U. & Schroll-Machl, S. (2005). *Grundlagen und Praxisfelder. Handbuch interkulturelle Kommunikation und Kooperation* (2., überarb. Aufl.; Bd. 1). Göttingen: Vandenhoeck & Ruprecht.

Weber, R. & F. Mast (2006). EU-Mitglied Türkei? In A. Katsikaris (Ed.), *Türkei Europa* (S. 190–202). Essen: Magnus-Verl.

Internetquellen

Türkei: Beziehungen zu Deutschland: Deutschland und die Türkei (2010). (Hrsg.) Auswärtiges Amt. Verfügbar unter: http://www.auswaertigesamt.de/diplo/de/Laenderinformationen/Tuerkei/Bilateral.html. Letzter *[*Zugriff September 19, 2010]

Wirtschaft und Wissenschaft (2010), von Deutsches Generalkonsulat Istanbul. Verfügbar unter: http://www.auswaertiges-amt.de/diplo/de/Laenderinformationen/Tuerkei/Wirtschaft.html. *[*Letzter Zugriff September 19, 2010]

Dipl. – Kfm. Turan Inanç (2006). *Erfolgreich kommunizieren und verhandeln mit türkischen Geschäftspartnern*, von IMT – Institut für Management- und Türkei-Beratung: http://www.een-bayern.de/een/inhalte/Laender/Anhaenge/Erfolgreich-kommunizieren-Tuerkei.pdf. *[*Letzter Zugriff September 19, 2010].

Graf, F. (2006). *Die wichtigsten Management-Aufgaben: Das müssen Sie als künftiger Manager können: POSDCoRB.* Von Falko-Graf Training. Verfügbar unter: http://www.falko-graf.de/TRAINING/artikel/Die%20wichtigsten%20Management-Aufgaben.%20Das%20muessen%20Sie%20als%20kuenftiger%20Manager%20koennen.htm. [Letzter Zugriff September 19, 2010].

Peter Nick (2009). *Ohne Angst verschieden sein: Interkulturelle Sensibilisierung.*, from Bundesinstitut für Erwachsenenbildung. Verfügbar unter: http://www.google.com/search?q=Ohne+Angst+verschieden+sein+%96+Interkulturelle+Sensibilisierung&ie=utf-8&oe=utf-8&aq=t&client=firefox-a&rlz=1R1GGGL_tr___DE354.(Letzter Zugriff September 19, 2010].

Arbeiten in der Türkei, von StepStone. Verfügbar unter: http://www.stepstone.de/Karriere-Bewerbungstipps/arbeiten-ausland/arbeiten-in-der-tuerkei.cfm. [Letzter Zugriff September 19, 2010].

Über die Türkei: Allgemeine Informationen, 2010, von Türkische Botschaft. Verfügbar unter: http://www.tcberlinbe.de/. [Letzter Zugriff September 19]

Anhang

10 Türkische und deutsche Kulturdimensionen

10.1 Türkische Kulturstandards

10.1.1 Beziehungsorientierung

Die Beziehungsebene steht auch im Businesskontext in der türkischen Gesellschaft im Vordergrund und die sachliche Ebene spielt dahingegen eine untergeordnete Rolle. Persönliche Beziehungen sowohl in den Familien- und Freundeskreis als auch in der Arbeit sind hoch ausgeprägt. Sie reden gern über private Themen wie Familie, Kinder, Gesundheit etc. und genießen Neuigkeiten auszutauschen (Appl, Koytek, Schmid, 2007).

Die familiäreren Beziehungen haben auch einen hohen Stellenwert deswegen ist nach dem Befinden der Familie zu fragen oder Grüße an die Familienmitglieder auszurichten selbstverständlich und zeigt Wertschätzung und Respekt gegenüber die Person.

10.1.2 Vermischung von Beruflichem und Privaten

Es herrscht keine strikte Trennung zwischen Privat und Beruf im Hinblick auf die Beziehungsebene. Je privater sich der Arbeitsalltag gestaltet, desto angenehmer wird sogar das Arbeitsumfeld empfunden. (Appl, Koytek, Schmid, 2007).Im Gegensatz zu der deutschen Kultur ist die Zeit, die mit den Arbeitskollegen verbracht ist, zur Verstärkung der gegenseitigen Beziehungen enorm wichtig. Deswegen wird am Anfang für den Aufbau von Beziehungen viel Zeit investiert um gute und dabei angenehme Geschäfte zu machen. Im Gegensatz herrscht das Motto eher arbeiten um zu leben zitiert von Rothlaus (2009) nach Weidmann (1995).

10.1.3 Hierarchieorientierung und hohe Machtdistanz

In der gesamten türkischen Gesellschaft spielt Hierarchie und Status eine entscheidende Rolle. Für die Einhaltung der Hierarchien besitzt Respekt, einen sozialen und graduellen Wert, dessen Funktion vor allem darin besteht, das hierarchische Verhältnis der Autorität zu regeln und zu zeigen. Durch diese hoch ausgeprägte Machtdistanz und Hierarchieorientierung sind türkische Mitarbeiter gewohnt Anweisungen und Befehle von oben zu erhalten, die sie zu ausführen haben welches eher zu einer paternalistischen Führungsstil entspricht (Appl, Koytek, Schmid, 2007).

10.1.4 Relativismus von Regeln und Zeit

Die Bedeutung von Regeln und Zeit ist in der türkischen Kultur eher relativ ausgeprägt. Die

Regeln haben keinen absoluten Status, sondern werden der augenblicklichen Situationen und der Personen angepasst. Auch dem Konstrukt Zeit wird eine eher geringe Bedeutung beigemessen und Terminvereinbarungen werden häufig als eine grobe Richtschnur betrachtet. Sie machen lieber während der Arbeitszeit mehrere Pausen, in denen man mit den Kollegen in Kontakt kommt, und bleibt Abends länger, als dass man seine Aufgaben stringent bearbeitet ohne sich kurze Pausen während der Arbeitszeit zu gönnen (Appl, Koytek, Schmid, 2007).

10.1.5 Gelassenheit und Improvisationstalent

Auch neue ungewohnte Situationen werden mit Gelassenheit betrachtet und mit Flexibilität und Improvisationstalent gemeistert. Aus der Instabilität von Regeln und Gesetzten ergibt sich in der türkischen Gesellschaft eine große Gelassenheit gegenüber neuen und ungewohnten Situationen. Das hinterlegende Gedanke lautet: Man hat nicht in der Hand gewisse Gegebenheiten und Dinge zu beeinflussen und trotz bestehender Regel ist es oft unvorhersehbar, wie die Dinge laufen (Appl, Koytek, Schmid, 2007).

10.1.6 Indirekte Kommunikation hohe Kontextorientierung

Die türkische Bevölkerung pflegt in der Interaktion mit ihren Mitmenschen einen eher indirekten Kommunikationsstil.

Harmonie und Konsens werden allgemein höher eingestuft als die Selbstverwirklichung der einzelnen Individuen deswegen werden Konflikte sowie Negativaussagen meist vermieden und mit einer indirekten Form mit nonverbalen Kommunikationsformen wie Gestik, Mimik oder auch Körperhaltung gezeigt (Appl, Koytek, Schmid, 2007).

10.1.7 Ambivalenter Nationalstolz

Die türkische Gesellschaft empfindet ein sehr starkes Nationalgefühl und zeigt dies auch offen.Sie sind daher sensibel auf Kritik und reagieren äußerst emotional und aufgebracht bei kritischen Diskussionen. Bei Kritik an ihrem Staat fühlen sie sich sogleich persönlich angegriffen (Appl, Koytek, Schmid, 2007).

10.1.8 Mitmenschlichkeit-Kollektivismus

Die Türkei kann als eine kollektivistische Gesellschaft bezeichnet werden. Hier ist der Mensch von Geburt aus in eine starke, geschlossene Gruppe integriert, die ihm unterstützend bei Freuden und Sorgen zur Seite steht. Im Mittelpunkt steht das Wir-Gefühl, dass den Betroffenen signalisiert, dass er nicht alleine ist. Ein gut befreundeter Arbeitskollege oder enger Freund wird in der Türkei als Teil der Familie betrachtet. Gegenseitige Unterstützung, Geschenke und Bereitschaft zur Hilfestellungen sind ein Bestandteil des Alltages. Personen werden nicht nur gemäß ihrer Leistungen beurteilt sondern auch ihrer Gruppenzugehörigkeit und zwischenmenschliche Beziehungen (zitiert von Rothlauf, 2009 nach Weidmann, 1995).

10.1.9 Hohe Gastfreundschaft

In der Türkei ist die Gastfreundlichkeit im Gegensatz zur Deutschland sehr hoch ausgeprägt. Ein türkischer Gastgeber tendiert alles dafür zu tun, dass es seinem Gast gut geht. Als Fremder sind sie in deren Augen auf Hilfe angewiesen und bemühen sich in allen Stellen den Gast zu unterstützen und Informationen zu geben (Appl, Koytek, Schmid, 2007).

10.1.10Ehre und Ansehen

Ein Mann hat in der Türkei den kulturellgeprägten Anspruch in der Öffentlichkeit durch das eigene Können und das damit verbundene Auftreten ehrenhaft zu sein. Bei offenem Kritik – noch schlimmer vor anderen-, kommt er in eine unangenehme Lage, zugeben zu müssen, etwas nicht zu können oder zu wissen, welches mit einem Gesichtsverlust und damit mit einem Verlust von „namus" verbunden ist. Ein öffentlicher Gesichtsverlust verletzt zum einen die Ehre (namus) des Kritisierten, zum anderen verliert derjenige, der die Kritik geäußert hat, dadurch das Ansehen (şeref) (Sylvia Schroll-Machl, 2002). Seref bezieht sich auf den Außenbereich bzgl. der Männerwelt und wird durch Geiz, unkorrektes Auftreten, nicht gewährte Gastfreundschaft oder auch durch die Bloßstellung anderer gemindert. Durch Hilfsbereitschaft, Großzügigkeit, Macht und Reichtum kann es erhöht werden.

10.1.11Tendenziell feminine Werte

Die vorherrschende Einstellung ist das Kümmern um Mitmenschen und bewahren sowie Wertschätzung der vorhandenen Werte. Zwischenmenschliche, intakte Beziehungen haben in der Türkei einen höheren Stellenwert als materielle Erfolge (Hofstede, 2009).

10.2 Deutsche Kulturstandards

10.2.1 Sachorientierung

In geschäftlichen Besprechungen kommt man in Deutschland schneller zur Sache und bleibt in der Sache. Positive Beziehungen im Arbeitskontext haben einen angenehmen Nebeneffekt doch sind sie nicht primär relevant wie in der türkischen Kultur. Zur Kooperation und zu einer Zusammenarbeit ist es nicht nötig eine Beziehungsbasis aufgebaut zu haben und Besprechen von persönlichen Themen im Businesskontext wird eher als ziellos und zeitraubend erlebt (Sylvia, Schroll-Machl, 2002). Persönliche Öffnung wird meist mit bestimmten Personen außerhalb der Arbeitsumgebung ausgetauscht.

In Deutschland werden die Personen eher maßgeblich über seine Leistungen und seinen Aufgaben definiert. Diese Sachinformationen dienen als eine Orientierung. In der Alltagskommunikation werden Emotionen häufig kontrolliert und nicht im Vordergrund gebracht.

10.2.2 Wertschätzung der Strukturen und Regeln

In Deutschland gibt es zahlreiche Normen, Regeln, Vorschriften, Verordnungen und Gesetze. Ihre hohe Anzahl und strikte Einhaltung und Zurechtweisung oder Bestrafung bei Verstößen sind im Kontrast zur Türkei höher geprägt. Einhaltung von Normen, Regeln werden als selbstverständlich und hilfreich gesehen und meist nicht hinterfragt. Dahinter steckt das Bedürfnis nach einer klaren und zuverlässigen Orientierung, die Risiko und Fehlerquellen minimieren. Planung, Organisation und Systematisierung trägt zu einer erfolgreichen Bewältigung anstehender Aufgaben bei womit mögliche Fehlerquellen möglichst minimiert werden und vieles unter Kontrolle gehalten wird (Sylvia Schroll-Machl, 2003).

10.2.3 Detailorientierung

Die Deutsche Gesellschaft hat einen Perfektionsanspruch daher achten sie sehr auf Kleinigkeiten, die sie nicht für nebensächlich halten. Sie nehmen exakte und detaillierte Planungen vor um potenzielle Fehlerquellen zu minimieren und gut für die Besprechungen sowie Verhandlungen vorbereitet zu sein (Sylvia Schroll-Machl, 2002).

10.2.4 Regelorientierte internalisierte Kontrolle und geringe Machtdistanz

Regeln, Systeme, Strukturen sind in Deutschland nach universellen Richtlinien erfasst und unabhängig von Beziehungen, Status etc. für alle Mitbürger der deutschen Gesellschaft verbindlich. Verlässlichkeit wird nicht nur dadurch erreicht, dass es Instanzen wie

Vorgesetzte gibt, die von außen kontrollieren, sondern viele Mitarbeiter erledigen ihre Aufgaben von sich aus, welche von ihnen erwartet wird. Diese Vereinbarungen, Regeln einzuhalten wird mit Zuverlässigkeit in der Arbeit gleichgesetzt. (Sylvia Schroll-Machl, 2002). Für die Mitarbeiter ist es selbstverständlich, der Vereinbarung nachzukommen nach dem Motto: "Gesagt ist Getan". Die Mitarbeiter werden auch oft in den Unternehmensentscheidungen mit einbezogen und es herrscht eine Dezentralisierung. Es gibt im geringen Maße Einkommensunterschiede und Ungleichheit (Hofstede, 2009).

Gerechtigkeit: In Deutschland werden die Mitbürger hinsichtlich der Chancen und Rechte aber auch der Sanktionen ohne Ausnahmen gleich behandelt. Korruption, Bevorzugung und Ungerechtigkeit sind im Gegensatz zu den anderen Südländischen Ländern weniger vorhanden (Sylvia Schroll-Machl, 2002).

10.2.5 Zeitplanung

Deutschland zeichnet sich als ein langfristig orientiertes Land aus von daher werden spontane Aktionen häufig als unpassend bis störend empfunden und dafür lieber langfristige Pläne vereinbart. Darunter liegt das Bedürfnis, alles in Ruhe zu überdenken und nicht der Gefahr zu laufen, in letztem Moment Fehler zu machen. Dadurch gelten vorausschauende und langfristige Aktivitäten als ideal und Improvisationen dahingegen als Notlösung zum ausbügeln suboptimaler Organisation oder nicht vorherzusehender Schwierigkeiten. (Sylvia Schroll-Machl, 2002).

Die Aufgaben, unmittelbar gleichzeitig zu erledigen, werden meist als stressig empfunden und um dies zu vermeiden, werden sie eher in einer Reihenfolge erledigt.

Zeitmanagement gilt als Voraussetzung für effektives und produktives Handeln. Es wird mit sozialem Verantwortungsgefühl und Zuverlässigkeit der Person assoziiert (Sylvia Schroll-Machl, 2002).

10.2.6 Trennung von Persönlichkeits- und Lebensbereichen:

In Deutschland gibt es eine strikte Trennung zwischen verschiedenen Lebensbereichen: beruflich-privat, rational-emotional, Rolle- Person, formell- informell. Das Verhalten wird je nach Kontext differenziert und angepasst (Sylvia Schroll-Machl, 2002).

Die deutschen Mitarbeiter arbeiten während der Arbeit und leben in ihrer Freizeit. Berufliches und Privates wird meist strikt getrennt, sodass am Arbeitsplatz die Arbeit Vorrang hat wo Emotionen und persönliche Themen, Beziehungen etc. zurücktritt. Persönliche Fragen und beziehungsorientierte Neigungen werden in manchen Fällen sogar als Grenzen überschreitend empfunden oder auch als Einmischung in die Privatsphäre gesehen.

10.2.7 Schwache Kontextorientierung und direkter Kommunikationsstil

Die deutsche Gesellschaft zeichnet eine direkte, sachliche, undiplomatische und ehrliche Kommunikation aus. Auf mögliche Empfindlichkeiten wird nicht stark Rücksicht genommen. Interpretationsspielraum zu lassen ist tendenziell weniger der Bestandteil dieses Stils. Sie meinen eher das, was sie sagen und sagen das, was sie meinen. Es kommt meistens nur auf den Inhalt des Gesagten an (Sylvia Schroll-Machl, 2002). Bei diesem Kommunikationsstil besteht aufgrund der Direktheit die Gefahr, dass die Beziehungsebene beeinträchtigt werden kann. Die sachlichen Darstellungen können für die Kulturen (zB. Türkei) die einen indirekten Kommunikationsstil besitzen und meist die Tendenz haben um den heißen Brei zu sprechen, verletzend empfunden werden (Sylvia Schroll-Machl, 2002).

10.2.8 Individualismus

In Deutschland dominiert das Streben nach der Verwirklichung der eigenen Ziele (Rothlauf, 2009).Der Mensch steht als selbstständiges Individuum dar und die Unabhängigkeit wird betont. Jede Person erlebt sich als eigenständiges Wesen, das seinen eigenen Interessen und Bedürfnissen nach handelt und sich dadurch von seinen Mitbürgern abgrenzt. Privatsphäre ist wichtig. Sie betrachten auch Dinge, die ihnen gehören, als Bestandteil ihrer Privatsphäre und verleihen diese weder großzügig noch teilen sie sich beispielsweise ihre Mahlzeiten. Personen werden gemäß ihrer Leistungen und Aufgaben beurteilt, anstatt ihrer Gruppenzugehörigkeit oder interpersonellen Kontakte zitiert von Rothlauf (2009) nach Weidmann (1995).

10.2.9 Tendenziell maskuline Werte

Der vorherrschende Wert ist materieller Erfolg und Fortkommen. Es besteht eine Tendenz der Sichtweise Leben um zu Arbeiten. Materialität hat einen höheren Stellenwert als Beziehungen (Hofstede, 2008).

10.2.10 Zusammenfassung vergleichbarer Dimensionen

Deutschland	Türkei
Sachorientierung	Beziehungsorientierung
Wertschätzung der Strukturen und Regeln	Relativismus von Regeln und Zeit
Regelorientierte internalisierte Kontrolle	Hierarchieorientierung
Zeitplanung	Relativismus von Zeit
Trennung von Persönlichkeits- und Lebensbereichen	Vermischung von Beruflichem und Privaten
Schwacher Kontextorientierung	Hohe Kontextorientierung
Individualismus	Kollektivismus
Geringe Machtdistanz	Hohe Machtdistanz
Tendenziell maskuline Werte	Tendenziell feminine Werte

yes

i want morebooks!

Buy your books fast and straightforward online - at one of world's fastest growing online book stores! Free-of-charge shipping and environmentally sound due to Print-on-Demand technologies.

Buy your books online at

www.get-morebooks.com

Kaufen Sie Ihre Bücher schnell und unkompliziert online – auf einer der am schnellsten wachsenden Buchhandelsplattformen weltweit! Versandkostenfrei und dank Print-On-Demand umwelt- und ressourcenschonend produziert.

Bücher schneller online kaufen

www.morebooks.de

VDM Verlagsservicegesellschaft mbH
Dudweiler Landstr. 99
D - 66123 Saarbrücken

Telefon: +49 681 3720 174
Telefax: +49 681 3720 1749

info@vdm-vsg.de
www.vdm-vsg.de

Printed by Books on Demand GmbH, Norderstedt / Germany